KINZAI バリュー叢書

デリバティブと
はさみは使いよう

岩橋　健治 [著]

一般社団法人 金融財政事情研究会

■はじめに

　アベノミクスによる円安で、自動車や電機等の輸出製造業の企業業績が回復しています。外貨預金の投資利回りが円安のおかげで回復してきているのと同じようです。どちらのパフォーマンスがよいのでしょうか？　NISAが騒がれていますが、円安を期待する人は、輸出企業の株式に投資するのと、外貨預金をするのとどちらがよいのでしょうか？　これらの輸出製造業は、また円高になったら、利益が減少し苦しくなってしまうのでしょうか？

　各社とも、「当社の為替感応度は1円の変動につき○○億円」などと発表しています。つまり、「1円の円安で○○億円増益になる一方、1円の円高だと○○億円の減益」と表明しているわけで、やはり円高になったら苦しくなるようです。

　でも、それでよいのでしょうか？

　逆に、輸入企業の多くは円安によるコスト増を国内販売先に価格転嫁できずに苦しんでいます。2014年4月以降の消費税増税分も転嫁できなければ、円安が死活問題になる輸入企業も多いと見られます。何かヘッジしていなかったのでしょうか？

　話がややこしくなりますが、そのような中小輸入企業の中には、実はこの円安で息を吹き返したところも多くありました。リスクをヘッジするために採用したはずの為替デリバティブにより、2012年までの超円高局面で多額の損失を出すという被害にあっていたケースです。彼らの場合には、2012年末以降の急

速な円安局面（超円高局面の修正）に伴い、その「損失額」が減少ないし解消されたことから、あれだけ問題になった金融ADR（裁判外紛争解決制度）等での紛争処理について最近ではほとんど耳にしなくなったのです。

　本来被害にあった際の損失をカバーするために「ヘッジをした＝保険を掛けた」はずなのに、かえって損失が発生してしまったというのはおかしくありませんか？　また今後も同じようなことが起こるのでしょうか？

　為替リスクを「ヘッジ」しなかった（あるいは不十分であった）輸出業者が、円高で損失を出し（儲けを減らし）円安で収益が改善する一方で、為替リスクをデリバティブで「ヘッジ」した中小輸入業者が、輸出業者と同様に円高で損失を出し円安でその損失を減少ないし解消した、ということになっているわけですが、なにか変ではありませんか？　輸出業者だけでなく、輸入業者の中にも円高では厳しくなる企業があったということになりますが、それって不思議だとは思いませんか？

　為替デリバティブで中小輸入業者が損失を出し紛争にまでなったのは、為替デリバティブという「商品」が悪かったからなのでしょうか？　それとも商品の売り手（売る人、売る会社）が悪かったからなのでしょうか？　商品の買い手には非はなかったのでしょうか？

　輸出業者が円高局面で苦しい思いをしたのは、なぜなのでしょうか？　円高になったら苦しくなるのがわかっているなら、なぜ「ヘッジ」をしなかったのでしょうか？　自動車を運転す

る人は、万が一のために保険に入りますよね？　どうしてそれと同じことをしなかったのでしょうか？

　他方で、多額の外貨建て債権債務を保有している大手銀行で(為替トレーダーの暴走というような特殊なケースを除いて)、為替相場により銀行の収益が大きく影響を受けるという話は聞いたことがありません。銀行の「為替感応度」や「想定相場」なるものを聞いたことはないと思いますが、どうしてでしょうか？

　本書は「デリバティブ商品」の解説書ではありません。その「使い方」に焦点を当てています。ですからできるだけ商品の説明はしないですむように心がけました。世の中には「デリバティブ商品」の解説書は数多く出ていますが、「デリバティブの使い方」に関する本は意外なほど少ししかありません。また、そのためかどうかわかりませんが、被害にあったり、誤った使い方、考え方をしているケース、あるいは誤った考え方によりあえてデリバティブを利用していないケースがいかに多いかを、いろいろな局面で見てきました。

　先にあげたような素朴な疑問にお答えしながら、「デリバティブ」の誤った使い方、「デリバティブ」に対する誤った認識を、正しい方向へ変えていただくことが本書の目的です。

　はさみを上手に使う人、はさみでケガをする人、はさみでケガをしたからはさみを使わなくなった人、はさみで他人にケガをさせる人、はさみでケガをしないように使い方を教えながらはさみを売る人、切れ味鋭いはさみを作る人、ケガがしにくいはさみを開発する人がいるように、デリバティブを上手に使う

人、デリバティブでケガをする人、デリバティブでケガをしたからデリバティブを使わなくなった人、デリバティブで他人にケガをさせる人、デリバティブでお客様がケガをしないように使い方を教えながらデリバティブを売る人、魅力的なデリバティブ商品を作る人、お客様がデリバティブでケガをしにくいような商品を開発する人がいます。

　いくら切れ味の鋭いはさみを作っても、使い方を誤ればそれは凶器にもなりますし、その効用も中途半端になってしまいます。「デリバティブ」も全く同じです。「デリバティブ」も切れる「はさみ」も、要は「使いよう」なのです。

　原子力も、兵器にするのは論外ですが、切れるはさみであるがゆえに使い方、管理の仕方を誤れば、問題が発生することは記憶に新しいことだと思います。それと同じです。

　長年金融機関から事業法人に至るまで幅広いお客様とデリバティブ取引を行ってきた人間として、一人でも多くの方にデリバティブの正しい使い方を理解、実践してもらうことを願って、本書を著しました。

2014年2月

岩橋　健治

目　次

第1章

デリバティブは商品が悪いのですか？ 使い方が悪いのですか？

1　デリバティブは金融取引ですので金融市場の動向により得をしたり損をしたりするものです ……… 3

2　相場を張ったら普通は「手仕舞い」をするものです ……… 10

3　相場モノを「原則解約不可」という条件付きで販売するということ ……… 11

4　銀行の手数料率はいくらだったのでしょうか？ ……… 15

5　「反対取引」ができない前提で相場モノの取引をすることに問題があったのです ……… 21

第2章

「ヘッジ」って何？

1　ヘッジ取引とは ……… 26

2　「現物」が価格変動リスクを負っているのはどういう場合？ ……… 27

3　被害にあった中小輸入企業が締結した為替オプション取引は正しい「ヘッジ」取引だったのでしょうか？ ……… 37

4　本当は「ドルコールオプションの買い」取引だけを締結

すべきだった ·· 40
5　ではなぜそうしなかったのでしょうか？　どうして「ドルプットオプションの売り」取引も一緒にしてしまったのでしょうか？ ··· 45
6　「ヘッジ」という言葉の響き ··· 54
7　オプション料の支払いを躊躇する理由 ···························· 60
8　金利の例で考えてみると ·· 63
9　「ヘッジ」についてのまとめ ·· 68

第3章
為替と金利の話

1　海外に現地法人を設立したところ円高で為替損が発生しました ··· 70
2　為替損が発生したことが即問題でしょうか？ ······················ 73
3　海外進出の事業計画における調達コストは現地通貨の金利で考えるべき ·· 75
4　海外の企業が日本に進出した場合、円建てで考えている ··· 76
5　世界で一番金利が低い円という通貨で資金調達ができるということは ··· 77
6　為替損と低金利調達による金利差益を足し合わせたら？ ···78
7　生命保険会社のヘッジ付き外債投資について ················· 81
8　シップファイナンス（船舶金融）について ························· 86

第4章

銀行のリスク管理の話

1　預金に係るリスク管理の話 92
2　リレーションシップ目的での株式保有について 101

第5章

本業でとっているリスクと本業以外のリスクの分離
（管理会計の勧め）

1　為替による損益を別建てにしてみましょう 108
2　別建てで管理することにより、部門別の数字がわかりやすくなります 110
3　輸出企業も同じです。その際、部門間の「仕切り値」は重要です 111
4　ここでとりあえずまとめてみます 121
5　海外現地法人も含めた場合は？ 122
6　多通貨会計の勧め 129
7　「想定レート」と「為替感応度」の不思議 130
8　現地生産拡大は為替の影響を受けにくくするためでしょうか？ 134
9　まとめ 135

第6章
デリバティブの正しい使い方

1 何のためにデリバティブを使うのか、目的をはっきりさせましょう ……140

2 輸出と輸入がある場合は、差額（ネット）で管理しましょう ……143

3 デリバティブは実際に取引を締結することよりも大事な使い方があります ……145

4 何もしなくてもポジションはとっています ……152

5 デリバティブを締結する時は、いつでも手仕舞いができることを確認してください ……153

6 ヘッジするにはコストがかかるものであることを認識して ……155

7 うまい話には必ず裏があることは肝に銘じて ……157

8 デリバティブはバランスシートを使わずに資金取引（現物取引）と同じポジションをとれる便利な商品 ……158

9 オプションの「売り」が問題にならない使い方もあります ……160

10 ちょっと変わったデリバティブの使い方 ……163

11 最後に、金利リスクヘッジの話をしておきます ……164

■おわりに ……169

第1章

デリバティブは商品が悪いのですか？使い方が悪いのですか？

デリバティブで被害が出ると、マスコミは「デリバティブで被害続出」「為替デリバティブ商品で巨額損失」「金融派生商品の罠」といったように「商品」に焦点を当てることが一般的です。複雑で胡散臭い「商品」に手を出したから、買わされたから、被害にあったのだ、というふうに、「商品」が悪いと決めつけた見出しで報道されることが多いようです。いわゆる「デリバティブ悪玉論」です。人間、理解していない物・人に出会うとまず、その対象自体がおかしなものであり、それによって被害を受けると、もうその対象自体が「悪者」であるかのように思い込んでしまうことが多いように見受けられます。

他方、「ミセスワタナベ」が有名になった外国為替証拠金取引（FX）も、「為替デリバティブ取引」の一種です。CTA（Commodity Trading Advisors）と呼ばれるヘッジファンドが運用する対象もほとんどが、「為替、金利、株式、商品等のデリバティブ」です。どちらもそれらの取引から大きな利益をあげている人がいるわけです（もちろん常に利益をあげ続けているわけではなく、損をすることも当然あります）。

2010年10月の金融ADR（裁判外紛争解決制度）発足により「為替デリバティブ」に関する紛争の案件が急増し、デリバティブ取引による被害が顕在化しましたが、すべての「デリバティブ取引」で被害があったのでしょうか？　リーマンショックの後の円高で損失が発生・増加するタイミングで、このような商品が開発・製造され販売され始めたのでしょうか？　中小輸入企業壊滅兵器として世に送り出されたのでしょうか？　世

界中の金融当局がそのような商品を製造販売することを認めたのでしょうか？　当然、そんなことはありません。

　実際、被害にあった中小企業も、過去に行った取引すべてで損失を出しているわけではありません。利益を出して取引期間が終了しているケースも結構あります。また、被害にあった取引もリーマンショック前に締結されたものがほとんどです。

　2009年以降被害が顕在化した「為替オプション取引」を、円高が急激に進むのがわかっていて行った企業はないと思います。損をするのがわかっていながらそういった商品に手を出す人は誰もいないでしょう。また、取引の相手方である銀行をはじめ金融機関もさすがに、自分の顧客であり与信先である企業が損をするのがわかっていてそのような商品を販売することもなかったと思います。ではなぜ社会問題になるほど大きな「被害」が出たのでしょうか。大きなポイントとして5点あげることができます。

1　デリバティブは金融取引ですので金融市場の動向により得をしたり損をしたりするものです

　要すれば、相場モノなので、相場が悪くなったら（自分が思っていた相場と逆の方向に動いたら、あるいは同じ方向だけど、思っていた以上に動き過ぎたら）損をするものなのです。

では、被害が出たのは相場が思ったとおりに動かなかったからだけでしょうか？

　実際に被害が大きくなっているケースは、ほぼすべて「オプションの売り」取引を行っているケースです。「オプション」は「選択権」と訳されます。この場合何を選択する権利かというと、ある一定の期間内（後）に、一定量の外国通貨を一定の値段で買う（売る）か、あるいは買わない（売らない）かを選択する権利のことです。

　このような硬い説明を1回で理解できる方はごくごくまれだと思いますので、ゆっくりと、具体的な例を使って説明しましょう。1カ月後に、10個のみかんを1個30円で買うか買わないかを決められる権利（「みかん購入権」としましょう）を頭に浮かべてみてください。ちなみに今のみかんの値段は25円です（1カ月たったらみかんは腐ってしまうなんて茶々は入れないでください。1カ月後に収穫するかもしれないし、冷凍保管できるかもしれないし、海外から輸入できるかもしれないですから）。そしてこのみかん購入権にはお値段が付きます。

　ただで権利を得られるのであれば、誰でも手に入れたいですよね。損することはありませんから。ですから、いくらかの値段が付くわけです。今その値段が2円だとします。さて、みかん購入権を買った人は、どう考えるでしょうか？

　この人は1カ月後にみかんを30円で買う場合はすでに支払っている2円の権利料を加えた32円のコストでの購入ですので、1カ月後のみかんの値段が32円超であれば利益が出るので、み

かん購入権を行使するはずです（もちろんこの場合でも権利を行使する義務はありませんが）。50円になっていればぼろ儲けですね。

　逆に1カ月後のみかんの値段が30円以下（例えば27円）の時はどうするでしょうか？　27円で購入できるのにわざわざ30円で購入する人はまずいないでしょう。みかん購入権は行使しません。この場合は当初に支払った権利料2円は取り戻せず、損失確定となります。

　では1カ月後のみかんの値段が30円から32円の間（例えば31円）の時はどうしますか？　支払ってしまった権利料2円は、31円という実勢価格でみかんを購入しても、みかん購入権を使って30円で購入しても、変わりはありませんから、みかん購入権を使って30円で購入することになります。実勢価格31円に対し、30円＋2円＝32円で購入したことになりますが、実勢価格31円で購入した場合のコスト（支払ってしまっている権利料2円と合わせて33円）よりは安く購入したことになるからです。

図表1-a　みかん購入権を購入した場合

現在のみかんの値段………25円
1カ月後にいくらで買うか…30円
みかん購入権の値段………2円

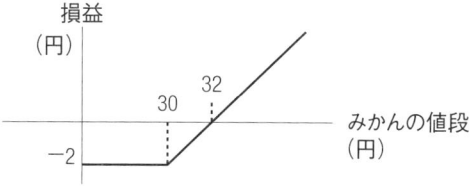

第1章　デリバティブは商品が悪いのですか？　使い方が悪いのですか？

別の見方もできます。みかん購入権を使って30円で購入して、実勢価格の31円で売れば1円の利益が出ます。当初に支払った権利料2円に対して、1円の利益ですから、差引き1円の損失ですが、行使しない場合の2円の損失よりは少し取り戻せていることになるわけです。

　まとめると、「1カ月後の値段が30円より高ければ、権利は行使するが、32円より高い場合にのみ利益が出る。30円から32円の間は2円以下の損失となり、30円未満の時はいくらの場合でも、2円ぽっきりの損失ですむ」ということです。

　さて、問題はこの次です。みかん購入権を買った場合は上の例で理解されたと思いますが、みかん購入権を売った場合はどうでしょう。上記の例での買った人の相手方の場合です。1カ月後の値段が30円より高ければ、みかん購入権は行使されます。1カ月後の値段が35円でも50円でも100円であっても、みかん購入権の「売り手」はみかんを30円で売らなければなりま

図表1－b　みかん購入権を売却した場合

現在のみかんの値段………25円
1カ月後にいくらで買うか…30円
みかん購入権の値段……… 2円

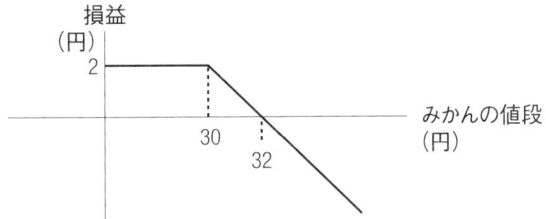

せん。その場合の損益はどうなるでしょう？　世の中のみかんの値段が50円の時に、みかん購入権の「売り手」は30円で売るわけですから、50円－30円で20円も安く売らなければなりません。ただし、最初にみかん購入権を売った時に2円の権利料をもらっていますから、20円－2円＝18円の損失ということになります。

したがって、32円と30円の間は、当初の受取権利料と、実際の値段差の損失との差の分だけ、何とか、利益が出ている状態になります。そしてこの権利が相手方より行使されない30円以下では、当初受取りの権利料の2円だけが利益ということになります。すなわち、相場がどんなに有利に動いても利益は2円ぽっきりで、不利に動けば損失は無限大になる可能性があるということになります。

この「オプション」「選択権」について、もう少し身近な例で説明しましょう。

自動車に乗る方は「自動車保険」に入っていると思います。また、日本人は世界一「生命保険」に加入している国民と言われています。われわれは保険会社に、一定の「保険料」を支払い、無制限の賠償責任に対応する金額や、ある一定の金額の生命保険金を受け取る「保険契約」をするわけですが、これは、言い方を変えれば、そういう「権利」を、一定の「保険料＝権利料＝オプション料」を支払って、「購入」していることになります。この場合、相手方である「保険会社」がその「権利」の売り手になっているわけです。

さらにもう少し、毛色の変わったものにも、同じような性格のものがあります。

　「宝くじ」「競馬の馬券」「パチンコ」はどうでしょう？　「相場観」が当たっていた場合の利益や、その確率はさまざまですが、共通するのは、いくら買い手（打ち手？）の見通しや思惑と実際が違っていても、「損失」が「購入した金額」を超えることはないことです。

　オプションの買い手と売り手のイメージはかなりわいてきたと思いますが、ここでさらに一つだけ、「自動車保険」「生命保険」「宝くじ」「競馬」「パチンコ」の共通項について考えてみてください。保険業界の方々からは、「ギャンブル」と比較するのは不謹慎だとのお叱りを受けるかもしれませんが、読者の皆さんの理解を深めるうえで重要なことですので、ご容赦ください。

　われわれ個人は、保険にしろ、宝くじにしろ、ギャンブルにせよ将来大きく利益があがるかもしれない「権利」を「買っている」ということです。逆に言えば、これらの「権利」の「売り手」は、すべて、プロの会社や組織です。素人が「売り手」になることは通常ない世界なのです。プロの「売り手」は、経験則や事業全体では利益が出るような「権利料」の設定をしたり、相場が不利な方向に動いている時に、その場その場で、いろいろな形でヘッジになるような取引を行うことにより、損失にならないようにしているわけです。

　ところが為替オプションというデリバティブは、プロである

銀行が「権利」の「買い手」になり、素人である中小輸入企業が「権利」の「売り手」になるケースもあるということになります。ここでは、素人でも「権利」の「売り手」になることがあるということが、特異であるということをご理解ください。

さて、オプション取引についてのイメージは理解いただけたと思いますので、本題に戻ります。先ほど触れたFXでも、相場が思った方向に行かなかった場合に、その損失が無限大になる可能性があるということは、実は一緒です。

「オプションの売り取引は利益限定・損失無限大の極めて危険な取引である」とよく言われます。金融ADR等でのデリバティブ絡みの紛争において、弁護士の先生方も「こんな危険な取引自体が問題である」とおっしゃるケースがほとんどのようです。

しかし、相場が思っている方向と逆に動いたら（動き続けたら）損失が無限大に大きくなる可能性があるのは、別に「オプションの売り取引」だけではなく、どのような金融取引でも基本的には一緒です。むしろ「オプションの買い取引」だけが損失が限定されている例外と言えます。現物の債券取引も、株式取引も、外国為替取引も、またそれらの先物取引も、スワップ取引等のデリバティブ取引も、すべて、基本的には相場が思った方向と逆に動いた場合に、損失が無限大になる可能性があるわけです。

2 相場を張ったら普通は「手仕舞い」をするものです

　では普通、相場が思ったとおりに動かなかった時はどうすればよいでしょうか？　指をくわえて見ているしかないでしょうか？　もしそうであれば、そのような取引はそもそもやるべきではありません。そうです、相場を張ったら普通「手仕舞い」（保有ポジションを決済し取引を終了すること）をするものです。「利食い」もあれば、「損切り」もあるはずです。相場が思ったとおりに動かなかったら、「反対取引」をすることにより「それ以上の」相場変動に晒されなくするものです。相場で100％必ず勝つなんてことはあるはずないですよね？　勝つ人がいて負ける人がいるのが「相場」であり、負けることもあるという前提で相場を張るものです。ですから、相場が思ったとおりに動かなかった時＝負け始めた時には、そのまま様子を見るのか、手仕舞いをするのか考えるのが当然です。

　ということは、為替デリバティブでの被害が大きくなる前に、その損失を限定させる機会や手段があったはずです。FXでドルを買っていた人が、円高が進んでこれ以上の損失に耐え切れずにドル売りをすることによって、ポジションを「手仕舞う」のと同じように、「為替オプションの売り」持ちポジションの企業でも「為替オプションの買い」取引等をすることにより、損失を限定させることは、（少なくとも理屈のうえでは）可

能だったはずです。

しかしながら、おそらく「為替オプションの売り」取引をした相手方の銀行からそのような「反対取引」をしたらどうかという提案を受けた中小企業は、全くないとは断定できませんが、ほぼ皆無に近いのではないでしょうか。また、当該オプション取引の「解約」も、そのオリジナルの取引を「消す」ことにより、そのポジションを「消す」わけですから、「反対取引」を行うことと基本的な性格は一緒です。

プロである銀行が自分で「為替オプションの売り」取引をした場合に、相場が逆に動いた際にいろいろな形で、オリジナルの取引によってできたポジションを消したり、量を減らしたりしているのがあたりまえであるのに、その顧客である中小輸入企業が同様の「為替オプションの売り」取引をしていて、相場が逆に動いた際にはなんらその負けているポジションを消したり、量を減らしたりする取引を推奨しないというのは、おかしいとは思いませんか？

3 相場モノを「原則解約不可」という条件付きで販売するということ

これらの「為替オプションの売り」取引は、「原則解約不可」という形で販売されてきたようです。本来、ドル／円という非常に流動性が高い市場性の商品のデリバティブ商品ですか

ら、よほどのことがない限り「反対取引」や、「解約」ができない商品であるはずがありません。「反対取引」を行うことだけであれば、当初の取引を行った時と同じように銀行は、顧客である中小企業との取引の「カバー」を対市場で行えばよいはずです（もちろん、市場の流動性等から一定のコストがかかるとは思いますが）。そのような取引が難しいのであれば、そもそもの当初の取引も難しかったということになります。

　それは変です。現に金融ADRによる解決は、満期前で、契約が残っているデリバティブ取引を「中途解約」して、それに伴う「解約清算金」の受払いをする形となっています。「原則解約不可」の取引だったはずなのに、問題が起こった時だけ「解約可能」になってしまう、というのはよく考えてみればおかしなことではありませんか？

　それにもかかわらずなぜ「原則解約不可」という形で販売されてきたのでしょうか？　新規の取引が開始できるのと同程度に、その取引の「中途解約」取引も、テクニカルには全く問題なくできるにもかかわらず、「原則解約不可」という「条件」を追加して、販売していたことになります。「（技術的には）できるのに、できない」と言っているわけです。

　銀行の提案書を読むと、以下のような説明になっていました。

A銀行：「……中途解約は原則としてお受けできません。
　万一、やむを得ない事情により中途解約のお申入れを弊行がお受けする際には、以下に記載するように弊行に損失が生じ

る場合があり、その際、貴社からその損失分を清算金として弊行にお支払いいただきます。」

B銀行：「ご約定後の中途解約はできません。やむを得ず当行が同意することにより中途解約される場合は、当行の提示する中途解約清算金をお支払いいただく場合があります。……」

C銀行：１．中途解約の禁止　「デリバティブ取引は原則として中途解約できません。契約期限まで取引は存続します。」
　２．解約清算金　「……やむを得ない事情が発生した場合により中途解約を行う場合には、弊行所定の計算方法によって算出される解約清算金をお支払いいただく場合があります。……」

どの銀行の提案書の説明も「できない」理由は明示されていません。ただし、「やむを得ない事情」であれば、中途解約もできるように読めますので、「技術的にできない」と言っているわけではなさそうです。

こういった為替デリバティブ取引を締結した顧客企業が、このような提案書で記載されている説明に対して、どの程度相手方の銀行にその「理由」を聞いたのかはわかりません。また、銀行がどういう理由だと説明したのかも、よくわかりません。単に、「できないものはできない」という答えだったかもしれません。

万一「技術的にできない」という説明だったとすれば、そこには大きな問題が２つあることになります。まず一番目は、先

ほどから説明しているように、相場モノに手を出した時には、相場が思ったとおりに動かないこともあるわけで、その際に「反対取引」「手仕舞い」を考えるのが普通であるにもかかわらず、その「反対取引」「手仕舞い」が「技術的にできない」取引を締結しようとしたという、顧客企業側の問題です（この点については後ほど触れます）。

　二番目は、銀行側の問題です。提案書での記載も「技術的にできない」と言っているわけではなさそうですので、「技術的にできない」と言ったとすれば、それは、提案書での記載と矛盾することになります。また前述したように、金融ADRによる解決を「中途解約」に伴う「解約清算金」の受払いをもって行っているわけですから、銀行は技術的には可能であることを自ら証明もしています。ですから、そういう説明はされなかったと思います。

　おそらく「（中途解約は難しいので）コストが（かなり）かかるから」という説明が大多数だったと思います。実際先ほどの銀行の提案書にも、「相場動向によっては高額になる場合もある……」といった記載がある銀行だけでなく、「約定直後に中途解約を行った場合でも、ヘッジ取引等の解約にかかる費用および損害として想定元本の10％程度あるいはそれ以上の清算金が発生する場合があります。……」といった記載をしている銀行もあります。

　では、なぜ「コストがかかる」のでしょうか？

4 銀行の手数料率はいくらだったのでしょうか？

少し回り道をさせてください。

外国為替取引で一番単純な取引はスポット取引（直物取引）です。よくテレビ等で報道されている「円相場（ドル）104.34－104.38」というものです。このレートはインターバンクで取引されるレートです。X銀行が、このレートを提示していたとすれば、X銀行は、「1ドルが104.34円なら買うし、104.38円なら売るよ」と言っているわけです。

銀行の顧客はこのレートで取引できるわけではなく、銀行手数料を取られる形で取引がなされます。例えば、その手数料が10銭だとすれば、顧客がドルを売りたい時は、104.34円よりも

図表2 スポット取引のレート

TTB		仲値		TTS
103.36	104.24	104.34 104.36 104.38	104.48	105.36

卸売価格

小売価格

小売価格 （手数料10銭の場合）

（TTS／TTBの場合）

第1章 デリバティブは商品が悪いのですか？ 使い方が悪いのですか？ 15

10銭低い104.24円で売ることになり、顧客がドルを買いたい時は、104.38円よりも10銭高い104.48円で買うことになります。インターバンクでのレートである「104.34 – 104.38」が卸売価格、顧客レートの「104.24 – 104.48」が小売価格というわけです。

　小売価格は、卸売価格に内在するビッド（銀行の買値）とオファー（銀行の売値）の差（スプレッドといいます）と、銀行の手数料の2つの要素で成り立っていることは理解いただけると思います。昔からあるTTS（対顧客電信売）とTTB（対顧客電信買）は、各銀行の朝10時頃の仲値（上記の例の104.34 – 104.38がその時のその銀行の提示しているレートであれば、104.36）に、銀行の手数料として1円が織り込まれているレートで、この例では、TTBが103.36、TTSが105.36となります（この場合は、卸売価格に内在するスプレッドはゼロとして計算されていることになります）。

　「それくらい説明されなくても知っているよ」という方もいれば、「え、そんなにスプレッドも手数料も取られるの？」と驚かれるFX取引のセミプロの方もいると思います。筆者がわざわざ回り道をして、このような外国為替の超初歩的な説明をここでした理由は、①インターバンクレート（卸売価格）を顧客も知っていること、②顧客レート（小売価格）に織り込まれている銀行の手数料も顧客が知っているということを、思い起こしていただきたかったからです。

　では質問です。顧客企業が「為替オプション取引」を締結す

る時に、その①卸売価格と、②小売価格に織り込まれている銀行の手数料を知らされていたでしょうか？　知ったうえで取引を締結したのでしょうか？

　外国為替取引や証券取引だけでなく、一般的に取引の形態には大きく分けて2通りあります。上記の外国為替のスポット取引のように、卸売価格が明示され、かつ小売価格に織り込まれる小売業者の手数料が明示される取引形態と、どちらも明示されずに小売価格だけが提示される取引形態です。前者のほうが透明な取引形態であり、後者はそれに比べれば不透明と言えます。もっとも、世の中的には圧倒的に後者のほうが多いと思います。前者のようにネタバレすると当然、「手数料を下げろ」と言われることになり、厳しい商売になってしまうからです。「今日の仕入値は100円で、俺の儲けは30円だから、小売値は130円だよ」などとおおっぴらに言って商売している魚屋さんに出会ったことはありません。いたらすごいかもしれませんが、多分同業者から袋叩きにあい、業界から締め出されてしまうと思います。

　というわけで、「為替オプション取引」は卸売価格も、小売価格に織り込まれている銀行の手数料も明示されないのが普通です。

　取引を締結した顧客企業は、単純な外国為替のスポット取引では、卸売価格であるインターバンクの値段も、銀行の（小売）手数料もわかり、納得したうえで取引を行うのに、複雑なデリバティブ取引である為替オプション取引では、インターバ

ンクの卸売価格も、銀行の（小売）手数料も両方とも明示されないにもかかわらず、どうして取引を締結したのでしょうか？ 銀行がいくら手数料を取っているのか銀行に聞いて、答えてもらって、それを納得したうえで取引を締結したのでしょうか？

ほとんどの顧客企業は確認もしていないようです。「銀行さんの提案だからおかしなレートではないだろう」「単純な外国為替のスポット取引とか、先物為替予約取引の手数料と同じくらいの手数料だろう」などと銀行への信頼を前提とした推測をして、取引を締結したというのが大多数のようです。

では、実際に銀行は顧客の信頼に応える手数料率で取引を行ったのでしょうか？ ここで問題になるのは、①顧客企業が（勝手に）銀行を信頼して推測した銀行の手数料がどのくらいの水準だったのか、②それに対して、実際はどうだったのか、ということになります。そのギャップが大きい場合に問題となるわけです。池波正太郎氏によれば、「世の中は思い違い、勘違いで成り立っている」とのことですが、そうも言っていられないので、ここではその実態を推測してみたいと思います。

先に、某銀行の提案書に「約定直後に中途解約を行った場合でも、ヘッジ取引等の解約にかかる費用および損害として想定元本の10％程度あるいはそれ以上の清算金が発生する場合があります。……」という記載があると述べました。この注意書きには、いったいどういう意味があるのでしょうか？ 「約定直後に解約なんてするはずがないじゃないか。どうしてそんなあり得ないケースをわざわざ書いているんだ？」とお考えの方も

多いのではないかと思います。しかし、実は非常に重要な説明をしているのです。

「約定直後に中途解約をする」ということは、「約定直後に反対取引をする」ということとほぼ同義と考えてください。「約定直後」ということは、相場が変化していない時点ということでもあります。ではこのように、相場変動の影響がない状態で反対取引をする場合に、どのようなコストがかかるのでしょうか？

先ほどの外国為替スポット取引のケースで考えてみましょう。1ドル104.48円で買ったドルをその約定直後に（相場変動の影響がない状態で）売る場合、1ドル104.24円でしか売れないということになるわけで、104.48－104.24＝0.24円のコストがかかることになります。その0.24円は、卸売価格に内在するスプレッドの0.04円と、銀行の手数料である、片側0.10円×2倍＝0.20円の合計です。

ということは、デリバティブ取引でも、約定直後に反対取引をする場合にかかるコストは、卸売価格＝インターバンク取引に内在するスプレッドと、銀行の手数料の和ということになるはずです。

それが、想定元本の10％程度になるということはどういう意味になるのでしょうか？ この提案書の「想定元本」は、1,000万ドルでしたので、その10％は100万ドルです。1ドル100円として、1億円です。その提案書の契約期間である5年間の合計受払金額は、200万ドル（毎年40万ドル）ないし400万ドル（毎

年80万ドル）でした。TTSやTTBでも手数料は1円です。200万ドルをTTSで購入してすぐにTTBで売却した場合のコストは、1ドル100円として、200万ドル×2円で4万ドル＝400万円です。400万ドルをTTSで購入してすぐにTTBで売却した場合のコストでも、8万ドル＝800万円にしかなりません。

　もちろん為替オプション取引は、外国為替スポット取引と違って、長期の取引であったり、オプション取引であったりという要素がありますので単純な比較はできません。インターバンクのレート（卸売価格）のスプレッドがもっと大きいし、銀行の手数料も期間が長い分、長期の与信取引である要素があるので、もっと多くても仕方がないとは言えます。しかしながらそれをもって、400万円（ないし800万円）が、1億円になってしまう説明はできないと思います。それでは説明ができないということは、「手数料」がTTSやTTBの手数料と同程度ではなく、かなり高いということになるわけです。

　高い手数料が正当な手数料であれば、堂々とそう説明すればよいはずですが、少なくとも表だってわかりやすく説明をしているわけではないように思われます。「約定直後に中途解約を行った場合でも、ヘッジ取引等の解約にかかる費用および損害として想定元本の10％程度あるいはそれ以上の清算金が発生する場合があります。……」という説明を、上記のように分析（特に難しい数式は使ってはいませんが）して、「それはさすがに手数料を取り過ぎじゃない？」という質問をした顧客企業は、はたして何社あったでしょうか。結局のところわざわざわかり

にくい説明をする銀行にも、それを理解しないまま取引を締結してしまう顧客企業にもどちらにも問題があったと言わざるを得ないと思います。

顧客企業からすると、「銀行さんを信頼していたから」という言い訳が返ってくることでしょう。一方、銀行からすると、「説明している。うそは言ってない。細かい説明を求められなかった」というような弁解が聞こえてくるようです。

そして、実際に中途解約になった時にはじめて、今説明したような手数料の実態が現実に両者の目の前に明示されることになるのです。取引を締結する前に（あえて）触れなかった点について、取引締結後になって触れざるを得なくなるわけです。そこではじめて、「思い違い、勘違い」が露呈することになるわけです。だから「原則解約不可」なのです。<u>解約するとなると、トラブルになる可能性が高いから、銀行としては解約したくない。だから「原則解約不可」なのです。</u>

5 「反対取引」ができない前提で相場モノの取引をすることに問題があったのです

「原則解約不可」という条件がなぜ付けられていたのかについて、長々とたどってみましたが理解いただけましたか？　まとめると、技術的には可能な「中途解約」が「コストがかなり

かかるから原則不可」ということだったわけであり、「コストがかなりかかる理由は、銀行の手数料が高いから」ということになります。

　筆者はここで、銀行の高い手数料を問題にするつもりはありません。世の中、いくら手数料を取られているのかわからないで行われる取引が大半であり、またその中には知ったらびっくりするような手数料を取られていることも、結構あるのではないかと思っています。それでも、手数料込みのお値段に納得して締結する取引自体を否定するものではありません。その意味では、顧客企業が銀行の手数料がどれくらいなのかについて深く突っ込んで銀行に説明を求めず、理解しないままでも取引を締結してしまったことは自己責任の範囲だと思っています。「銀行さんの提案だからおかしなレートではないだろう」という銀行への信頼を前提とした推測に問題がなかったとは思いませんが……。

　しかしながら、「反対取引」ができない前提で相場モノの取引をすることについては、顧客企業も銀行も問題であったと言わざるを得ません。

　顧客企業は「解約不可」という形で「反対取引」をする機会を失うということの意味をどの程度理解していたのでしょうか？　相場が想定どおりに動かなかった時に、指をくわえて見ているしかなくなるということのリスクがどの程度高いものであるか、本当に理解していたのでしょうか？　（「ヘッジ目的だから解約不可でも大丈夫」と思っていたという方もいらっしゃると

は思いますが、その点については第2章で検証します)

　金融のプロである銀行は、自分ではいつでも市場で「反対取引」ができるけれど、素人である顧客企業から「反対取引」をする機会を奪ってしまうことの意味を、どう考えていたのでしょうか？　先ほど、素人が「権利」の「売り手」になることがあるということが、為替オプションの特異性であると説明しましたが、その特異性を考えれば他の相場モノの取引以上に、相場が想定どおりに動かなかった時の対応策を準備、提供、説明すべきであったのではないでしょうか？　本当に顧客の立場に立って物事を考えていたと胸を張って言えるのでしょうか？

　為替オプションの売り取引という商品自体は、「反対取引」をして「手仕舞い」をすることが技術的には可能であり、その意味では相場モノとしての特異性はありません。ですからやはり、「解約不可」という形で「反対取引」をする機会を奪う条件で為替オプションの売り取引という商品を販売した銀行、「反対取引」をする機会を放棄する前提でその商品を購入した顧客企業の双方に問題があったということになると思います(「解約不可」も商品性の一部という人もいるかもしれませんが、筆者は、販売の仕方、商品の使い方の要素だと考えています)。

第 2 章

「ヘッジ」って何？

さて、問題になった為替オプション取引では、「為替リスクヘッジ」の目的で銀行が勧誘し、顧客企業が「為替リスクヘッジ」目的で取引を締結した、ということになっています。そうであれば、「ヘッジ目的で行った取引なのに、どうしてこれほど大きな損失が生じたの？」という素朴な疑問がわいてくると思います。ここにも実は、思い違い、勘違いが錯綜していて、そのことがさらに状況を悪化させたと言えます。

　この章では、「ヘッジ」について考えてみたいと思います。

1　ヘッジ取引とは

　広辞苑によると、「ヘッジ」とは「相場の変動に伴う損失を回避すること。先物取引で、あらかじめ値段を確定しておくなど」だそうです。東京証券取引所ホームページの証券用語解説では、「ヘッジ取引」を「現在保有しているか又は将来保有する予定のある現物の価格変動リスクを回避又は軽減するために、先物取引において現物と反対のポジションをとる取引」と説明しています。

　「ヘッジ」取引と宣言するためには、次の要素が必要であるということがわかると思います。

＜「ヘッジ」取引と宣言するための要素＞
① 保有している（あるいは将来保有する予定のある）何らかの

「現物」があること
② その「現物」が価格変動リスクを負っていること
③ そのリスクを回避または軽減するために、現物と反対のポジションをとること
④ その「現物と反対のポジション」をとることによって、損失を回避すること

まずは、①について考えてみましょう。何らかの「現物」とは、輸入企業であれば、海外から商品を輸入する際に発生する輸入為替、債券の投資家であれば保有している国債等の債券、株式を保有している企業であればその株式、資金を企業に貸出しているのであればその貸出、輸出企業であれば、海外に商品を輸出する際に発生する輸出為替、販売する農作物を生産している農家であればその農作物など、さまざまな「現物」があります。この①の要素については客観的な目的物もはっきりしているので、「思い違い、勘違い」が発生することはまずないと考えてよいと思います。

2 「現物」が価格変動リスクを負っているのはどういう場合？

次に②です。この要素が実は結構難しいです。人によって、考え方によって、いろいろな見方があるようです。単に外貨建ての輸入があるから、即それで円安リスクがある、為替リスク

がある、と考える人が多いようですが、本当にそうなのか検討してみましょう。

例えば、商品を中国からドル建てで輸入して、それを日本国内で販売する卸売業者（A社）について考えてみましょう。その商品自体のドル建てでの価格変動リスクは、その商品の仕入値がドル建てで決まった後として考慮しないとしても、A社は、その商品を購入するための輸入為替を決済するのに、ドルを手当てする必要があるため、ドル円為替相場が変動するリスク（為替リスク）を負っていることになります。その意味では②の要素をクリアしています。

しかしながら、本当にそれだけでA社が為替リスクを負っていると言えるのでしょうか？

a 国内販売価格が決まっている場合

少し視野を広げて、A社が、その商品を日本国内でどのような条件で販売するかについて考えてみましょう。普通は、円建てでの販売が想定されますが、その販売価格が円建てで値決めされていた場合（例えば、ドル建ての仕入値に、販売契約時点のドル円為替相場を掛けて、円建ての仕入値を計算し、それに一定の流通コスト等や利益を上乗せして値決めされた場合）、その値決め時点以降のドル円為替相場の変動は、A社のリスクとなります。この場合も②の要素はクリアしています。

商品のドル建ての仕入価格：100ドル

販売契約時点のドル円為替相場：1ドル100円
流通コスト等：1,000円
想定粗利益：3,000円
販売価格：14,000円

実際の仕入代金決済時点のドル円為替相場が1ドル110円の場合：粗利益は2,000円に減少（14,000円－11,000円－1,000円）

逆に実際の仕入代金決済時点のドル円為替相場が1ドル90円の場合：粗利益は4,000円に増加（14,000円－9,000円－1,000円）

この場合、ドル円為替相場の変動により、A社の粗利益が変

図表3－a　国内販売価格が決まっている場合

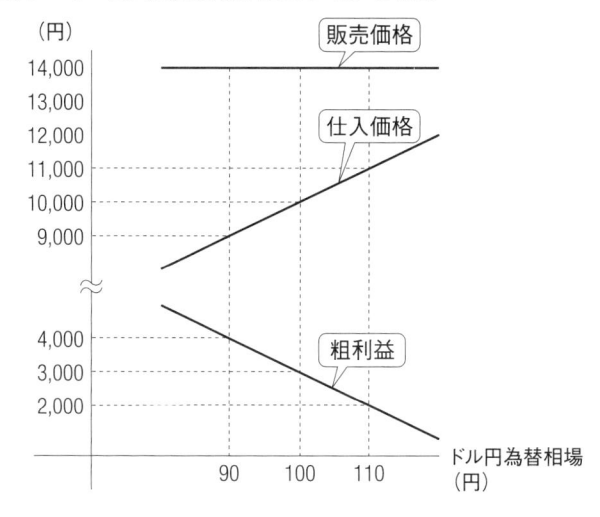

第2章　「ヘッジ」って何？　29

動します。

b　為替相場の変動を100％販売先に転嫁できる場合

　では、その販売価格が、「A社が実際に仕入輸入為替を決済する時のドル手当てにかかった円建ての仕入値＋流通コスト等＋A社の想定粗利益○○円」というような形で決められている場合はどうでしょうか？　すなわち、ドル円為替相場の変動に伴う価格変動リスクを販売先（B社としましょう）に転嫁できるケースです。この場合は、A社が実際に輸入先に支払うドルを手当てするまで、円建ての販売価格は決まりません。したがって、A社はドル円為替相場の変動リスクは負っていないことになります。

　この場合は②の要素はクリアしていません。その相場変動リスクを負っているのはB社です。

商品のドル建ての価格：100ドル

販売契約時点のドル円為替相場：1ドル100円

流通コスト等：1,000円

想定粗利益：3,000円

販売価格：X円（1ドル100円のままだとすると14,000円）

　実際の仕入代金決済時点のドル円為替相場が1ドル110円の場合：販売価格は15,000円に上昇（11,000円＋1,000円＋3,000円）

図表３－ｂ　為替相場の変動を100％販売先に転嫁できる場合

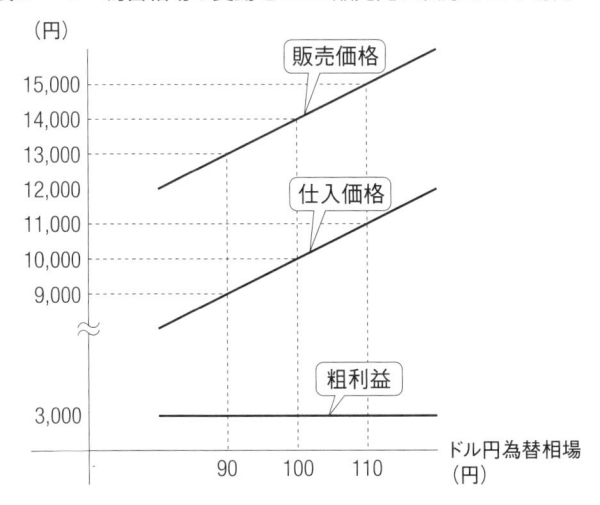

（円）

（グラフ：販売価格、仕入価格、粗利益の3本の直線。横軸はドル円為替相場（円）で90、100、110。販売価格は為替100円時に14,000円、仕入価格は為替100円時に10,000円、粗利益は3,000円で一定。）

　逆に実際の仕入代金決済時点のドル円為替相場が１ドル90円の場合：販売価格は13,000円に下落（9,000円＋1,000円＋3,000円）

　この場合、ドル円為替相場が変動してもＡ社の粗利益は変動しません。

ｃ　円高メリットは転嫁を強いられる可能性が高いが、円安コストの転嫁は難しい場合

　では、まだ販売に関する商談がまとまっていない場合はどうでしょうか？　例えば、１年後の冬物のダウンジャケットをドル建てで輸入して国内販売する卸売業者（Ｃ社）のケースを考

えてみましょう。商談は、6カ月後に決まることとします。そして商談成立までの6カ月間のことを考えることとします（6カ月後に商談が成立してからのドル円為替相場変動リスクは、aで説明したとおりになります）。

まだ、商談が成立していませんから、不確定要素はaやbのケースよりも多くなります。そもそも6カ月後に商談自体が成立するかどうか。成立するとしても、今年よりも円建ての価格の値上げが可能かどうか。同業の競争相手は、すべて輸入業者か、国内の製造販売業者もいるのか。ドル建ての仕入価格自体の変動の可能性はどうかなど、いろいろあります。仕入コストが変動する要素は、ドル建ての仕入価格、ドル円為替相場であり、販売価格が変動する要素は、小売業者（およびその先にいる消費者）の価格変動に対する感度や、同業の競争相手、特に国内製造販売業者の製造コストの変動状況等ということになります。

この場合、そもそもの商談が成立するまで、26ページであげた＜「ヘッジ」取引と宣言するための要素＞①の「保有している（あるいは将来保有する予定のある）何らかの『現物』があること」という点がクリアされるのかということがまず論点になってきます。しかし、新規の取引であれば別ですが、毎年商売を継続的に行っている場合には、商談が成立する前提で物事を考えることが普通だと思いますので、この要素はクリアしている前提で話を進めます。また、話が複雑になってしまいますので、ドル建ての仕入価格の変動要因についてはここでは考慮し

ません。すなわち、ドル円為替相場が変動する要因に絞って考えてみることにします。

　また将来のドル円為替相場が円安になるリスクの有無だけでなく、将来のドル円為替相場が円高になることによる影響はどのようなものがあるかについても考える必要があると思います。被害にあった（損害を被った）輸入企業の大半は、「御社は円安になったら仕入コストが上昇してしまいますから、円安リスクをヘッジすべきです」と銀行から勧められ、為替オプション取引を締結したところ、その後円高になったことにより損失が発生しているわけですから、はたしてこの「ヘッジ」が正しかったのか、というのがここでの大きな論点になるわけです。

　まずは、6カ月後の商談時点で、その時のドル建ての仕入価格と、その時点のドル円為替相場を前提としての価格交渉になると思いますが、<u>C社の商談の相手方であるD社（小売）が最終消費者へ価格変動分を転嫁できるのかというのが最大の問題となります。小売価格が下がる分には問題にはならないでしょうが、小売価格を引き上げて売上げを確保できるかどうかは、非常に難しいところです。</u>円高還元セールは消費者に受け入れられますが、円安転嫁を簡単に許容してくれる消費者はそうはいないでしょう。特に長年にわたるデフレに慣れ切った世の中での値上げは、容易ではありません。

　もちろん、為替相場変動分を販売先に転嫁できる（している）次のようなケースもあります。

・ガソリン：ドル建ての石油の価格自体の変動リスクも、ドル

円為替相場変動リスクも最終的に、ガソリンスタンドでの値段に転嫁されます。
・電力料金：燃料費調整制度による燃料費調整額の算定方法を読んでみると、すべて円建てでの燃料価格をもって説明がされています。ということは、ドル円為替相場変動分もこの中に含まれていることになります。タイムラグはありますが。
・輸入車・輸入ブランド品：タイムラグはありますが、転嫁されます。
・輸入食料品や、輸入原料・肥料を使って作っている農作物・食肉：食はぜいたく品を別として代表的な最寄品ですので、我慢して買わないというわけにはいきません。

しかしながら、くどいようですが、最終消費者は円高還元セールは喜んで受け入れても、円安転嫁を簡単には許容してくれません。アベノミクスの副作用がここに表れることになります。ということは、コストアップにつながる相場変動は転嫁しづらいが、逆にコストダウンにつながる相場変動は、転嫁を促される（最終消費者が値下げを強要することもあれば、同業他社がそのコストダウンメリットを利用して、円高還元セールを行うこともある）ということです。すなわち、円安リスクもあれば、円高リスクもどちらもあるということです。C社は円安に伴うコスト上昇リスクは転嫁（値上げ）できず、円高に伴うメリットは、価格転嫁（値下げ）を強いられるというポジションにあるということになります。

つまり、円安方向の相場変動に対するヘッジはすべきである

が、円高方向の相場変動に対しては、何も対策せずニュートラルなままであるべき、ということになります。その意味で、＜「ヘッジ」取引と宣言するための要素＞②については相場変動がどちらに向かうのかによって異なることになるというのが、正しい理解だと思います。

商品のドル建ての仕入価格：100ドル（ここでは為替リスクだけに絞って考えます）
現在のドル円為替相場：1ドル100円
6カ月後の販売契約時点のドル円為替相場：1ドルY円
流通コスト等：1,000円
想定粗利益：3,000円
販売価格：Z円（1ドル100円のままだとすると、14,000円）

実際の販売契約時点でのドル円為替相場が1ドル110円の場合：販売価格を15,000円（11,000円＋1,000円＋3,000円）にまで上昇させるのは困難。

逆に実際の販売契約時点のドル円為替相場が1ドル90円の場合：販売価格は13,000円（9,000円＋1,000円＋3,000円）に引き下げさせられる可能性大。

この場合、ドル円為替相場が円安方向に変動した場合は、粗利益を減少させられる可能性が高く、逆に円高方向に変動した

図表３－ｃ　円高メリットは転嫁を強いられる可能性が高いが、円安のコストの転嫁は難しい場合

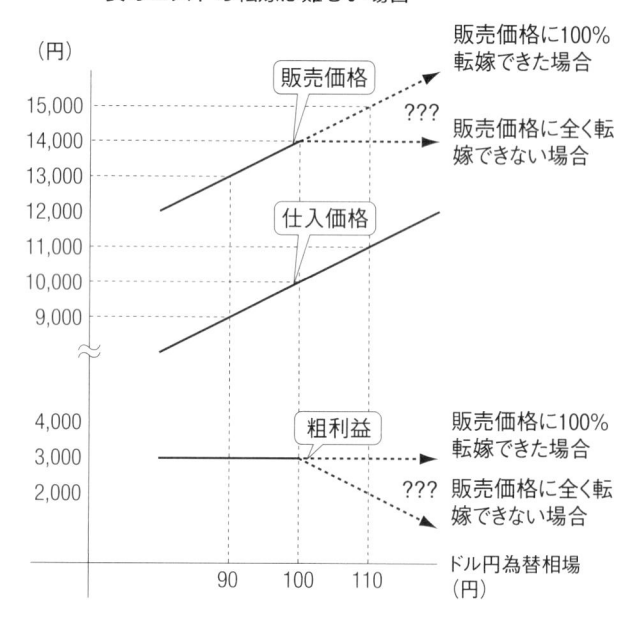

場合は、販売価格を引き下げさせられる可能性が高いということになります。

　いろいろと頭の体操をしてきましたが、ここで整理しましょう。

㋐　輸入業者は外貨を支払うので、その仕入取引だけを見ればその外貨の為替相場変動リスクに晒されている(ように見える)

㋑　しかし、仕入れた商品を販売することまで考えるとそう単純ではない(販売するために仕入れるわけだから、その両方を見て全体的に考えるのがあたりまえだと思います)

④-a　国内販売価格が円建てで決まっている場合：為替リスク有

④-b　国内販売価格が外貨建てでは決まっているが円建てでは決まっていない場合＝為替相場変動分を販売先に転嫁できる場合：為替リスクなし

④-c　国内販売価格が決まっていない場合：為替相場が円安方向に変動した場合は、利潤を減少させられる可能性が高く、逆に円高方向に変動した場合は、販売価格を引き下げさせられ、円高メリットの価格転嫁を強いられる可能性が高い。つまり、円安によるデメリットはあるが、円高メリットは享受しにくい、ということになります（もちろん、為替相場が円安方向に変動した場合でも、販売先に価格転嫁できる場合もあります）

ということで、＜「ヘッジ」取引と宣言するための要素＞②の「その『現物』が価格変動リスクを負っていること」に関して確認するためには、チェックポイントが多いことがわかります。

3　被害にあった中小輸入企業が締結した為替オプション取引は正しい「ヘッジ」取引だったのでしょうか？

為替オプション取引で被害にあった（損害を被った）中小輸入企業の大半は、「御社は円安になったら仕入コストが上昇して

しまいますから、円安リスクをヘッジすべきです」と銀行から勧められ、期間5年から7年の長期にわたる為替オプション取引を締結していますが、はたしてそれが「ヘッジ」取引と言えたのかということについて、筆者は以下のように考えるべきだと思います。

　期間5年から7年の取引を「ヘッジ」取引と言うためには、「現物」が価格変動リスクを負っていることが必要ですが、まず、5年から7年の長期にわたる国内販売価格が円建てで決められた長期販売契約が存在するかどうかが、第一のチェックポイントとなります（④-aに該当するかどうか）。存在する場合は、確かに価格変動リスクを負っているので、それに対応する外国為替取引は「ヘッジ」取引と言ってよいでしょう。

　しかし、そもそもそのような長期にわたる国内販売価格が円建てで決められた販売契約がどの程度この世に存在するのか、はなはだ疑問です。

　国内販売契約ではありませんが、長期の輸入契約で筆者が思いつくのは、電力会社が石油やLNG等の資源の調達を安定的にするために、長期輸入契約を締結しているケースです。しかしこの場合、長期輸入契約はドル建てでされており、また、それに対応する国内販売は、前述したとおり、為替リスクも販売先に転嫁できる（せざるを得ない）電力料金ですから、国内販売価格に関しては④-b（国内販売価格が外貨建てでは決まっているが円建てでは決まっていない場合＝為替相場変動分を販売先に転嫁できる場合）に該当しますので、為替リスクはありません。

ということで、第一のチェックポイントで「ヘッジ」取引と言えるケースは見つけにくいと思います。実際のところ、1年先ですらその国内販売価格を円建てで決められているケースはほとんどないと言ってよいと思います。

　為替相場変動分を販売先に転嫁できるかが第二のチェックポイントです（①－bに該当するかどうか）。ガソリン、電力料金、輸入食料品等が転嫁できると説明しましたが、ほとんどのケースはコストが高くなる場合の転嫁がしづらいので①－c（国内販売価格が決まっていない場合）に該当すると思います。

　この場合、「為替相場が円安方向に変動した場合は、利潤を減少させられる可能性が高く、逆に円高方向に変動した場合は、販売価格を引き下げさせられ、円高メリットの価格転嫁を強いられる可能性が高い。つまり、円安によるデメリットはあるが、円高メリットは享受しにくい、ということになります」と説明しました。この場合の「価格変動リスク」は、円安リスクは何か手を打たないと損失が発生するリスクであるが、円高リスク（メリット）は逆に何も手を加えるべきではないリスクということです。このような、少し変わった「価格変動リスク」に対応できるのであれば、それは立派に「ヘッジ」取引と言ってよいでしょう。

　為替オプション取引で被害にあった（損害を被った）中小輸入企業の大半は、「御社は円安になったら仕入コストが上昇してしまいますから、円安リスクをヘッジすべきです」と銀行から勧められて、為替デリバティブ取引を締結していますが、同

時に「逆に円高になった場合には、仕入コストは低下するものの、その分は国内販売先に還元せざるを得ないリスクがあるので、その点も考えたヘッジ取引をすべきです」と言われて為替デリバティブ取引を締結したというケースはあまり聞いたことがありません。

というのは、為替オプション取引で被害にあった（損害を被った）中小輸入企業の大半が締結している為替デリバティブ商品が、上記のような円安円高両方に対応した「ヘッジ」ニーズに応えられるような商品では決してなかったからです。

銀行が提供した為替デリバティブ取引は確かに、円安リスクをヘッジする要素を持っているのが大半でした（「大半」と言ったのは、ある一定以上の円安になったら自動的に終了してしまうような商品も散見されたからです）。しかしながら、円高方向への備えがきちんとある商品はほとんどなかったと言ってよいと思います。ということは、「ヘッジ」取引であったケースはほとんどないと言っても過言ではありません。

ではこのような、円安円高両方に対応するような商品はあるのでしょうか？

4 本当は「ドルコールオプションの買い」取引だけを締結すべきだった

このようなニーズに対応する商品は、「ドルコールオプショ

ンの買い」です。「ドルを買う権利の買い」です。ここで、オプション取引にはオプションの買いとオプションの売りがあると第1章で説明したことを思い出してください。そして、「オプションの買い取引」は損失が「限定」されている例外的な金融取引であるとも説明しました。

みかんの例ではなく、為替レートで考えてみましょう。

商品のドル建ての仕入価格：100ドル

現在のドル円為替相場：1ドル100円

6カ月後の販売契約時点のドル円為替相場：1ドルY円

流通コスト等：1,000円

想定粗利益：3,000円

販売価格：Z円（1ドル100円のままだとすると、14,000円）

実際の販売契約時点でのドル円為替相場が1ドル110円の場合：販売価格を15,000円（11,000円＋1,000円＋3,000円）にまで引き上げるのは容易ではない。

逆に実際の販売契約時点のドル円為替相場が1ドル90円の場合：販売価格を13,000円に引き下げ（9,000円＋1,000円＋3,000円）させられる可能性大。

購入するドルコールオプション（ドルを買う権利）の条件：

　　100ドルを1ドル100円で買う権利

権利を行使できる時期：6カ月後

第2章　「ヘッジ」って何？

> その権利の値段：1ドル当たり3円

　実際の販売契約時点でのドル円為替相場が1ドル110円の場合：このドルコールオプションの権利を行使して、1ドル100円でドルを購入します。すると、円建ての仕入価格は100ドル×103円（100円＋3円の権利料）＝10,300円になり、販売価格を14,300円（10,300円＋1,000円＋3,000円）以上にできれば、想定どおりの粗利益を得られます。また、販売価格が1ドル100円の時と同じ14,000円に据え置かれ、ドル円為替相場の変動を全く転嫁できなかったとしても、2,700円の粗利益を確保できます。

　逆に実際の販売契約時点のドル円為替相場が1ドル90円の場合：このドルコールオプションの権利を放棄して、実勢相場である、1ドル90円でドルを購入します。すると、円建ての仕入価格は100ドル×93円（90円＋3円の権利料）＝9,300円になり、販売価格を13,300円（9,300円＋1,000円＋3,000円）以上にできれば、想定どおりの粗利益が得られます。また、10円の円高メリット分をすべて、販売価格に還元したとして13,000円にまで引き下げさせられたとしても、2,700円の粗利益を確保できます。

　3円分の権利料＝保険料はかかりますが、ドル円為替相場が円安に振れて、かつそれによる仕入価格上昇分の販売価格への価格転嫁ができなくても、逆にドル円為替相場が円高に振れて、かつそれによる円高メリットを販売先に還元せざるを得なくなった場合のどちらに転んでも、適正な粗利益は確保できる

図表4 コールオプションを購入した場合（円高メリットは販売価格に還元する前提）

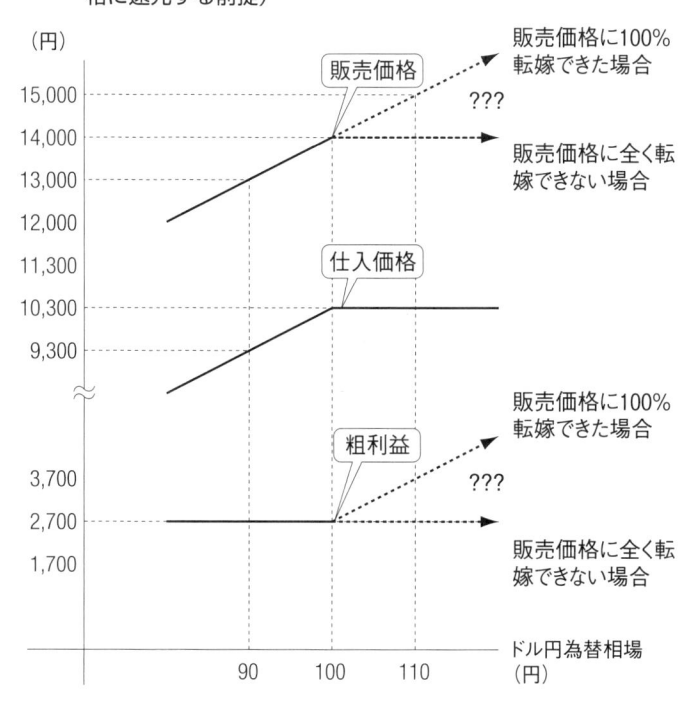

ことになります。

まさに、下に再掲した＜「ヘッジ」取引と宣言するための要素＞の③と④に該当すると思いませんか？

＜「ヘッジ」取引と宣言するための要素＞

① 保有している（あるいは将来保有する予定のある）何らかの「現物」があること

第2章 「ヘッジ」って何？ 43

図表5 合成粗利益を現物の粗利益と購入したコールオプションの損益に分解して見た場合

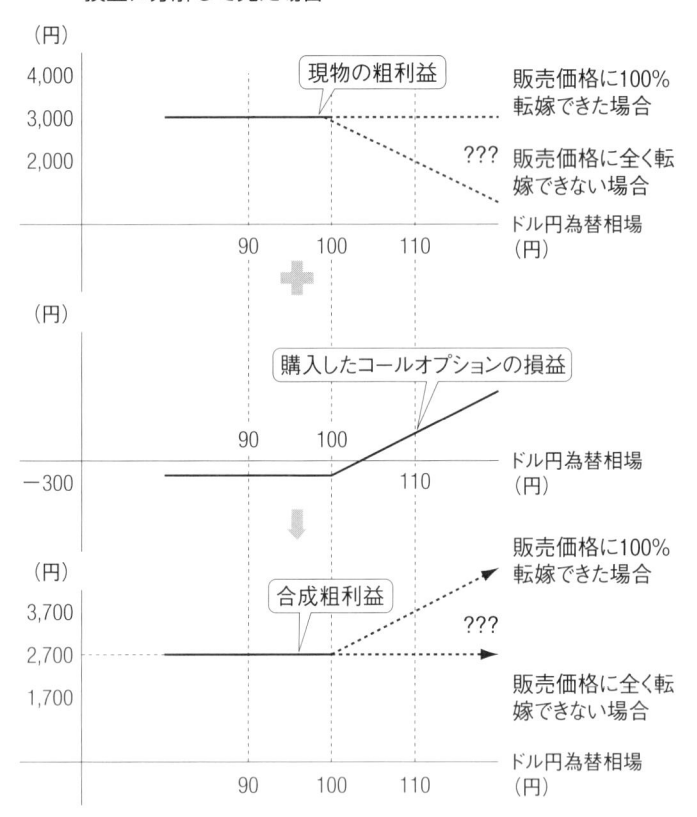

② その「現物」が価格変動リスクを負っていること
③ そのリスクを回避または軽減するために、現物と反対のポジションをとること
④ その「現物と反対のポジション」をとることによって、損失を回避すること

5 ではなぜそうしなかったのでしょうか？どうして「ドルプットオプションの売り」取引も一緒にしてしまったのでしょうか？

そうなると、「このように円安円高両方に対応するような商品（ドルコールオプションの買い）が存在するのであれば、それを利用していれば、損失は保険料相当だけで限定的であったのではないか？　なぜそのような商品を利用しなかったのか？」という疑問がわいてくると思います。

ここが問題なのです。典型的な具体例を単純化して説明します。

先ほどの例の場合、顧客企業側がその取引を締結するにあたって躊躇する要因は、「権利料＝保険料」の支払いです。1ドル当たり3円です。「まさかの円安のための保険料」なのですが、デフレの世の中でのコストとしては、なかなかそう割り切って支払う気になれないもののようです。生命保険料も、火災保険料も、自動車保険料も、まさに「保険料」と割り切って支払って、リスクヘッジを普通にしているのに、なぜか外国為替の場合はその割り切りが簡単ではないというのが実情です（その理由については後ほど説明します）。

そこで銀行が考えたのは、「支払権利料と同じ金額の受取権利料のオプションを売却してもらう」という組合せ商品です。すなわち、以下のような条件のドルプットオプションの売却を

追加することです。

　ヘッジ目的→ドルコールオプションの買い→オプション料がかかる→支払いたくない→（支払オプション料を相殺するための）オプション料を受け取るためにドルプットオプションを売る、という流れです。ここで「何か変だな」と思われた方、その違和感は非常に重要です。以下、その正体を確認してみましょう。

売却するドルプットオプション（ドルを売る権利）の条件：200ドルを1ドル100円で売る権利
権利を行使できる時期：6カ月後
その権利の値段：1ドル当たり1.5円

　ドルプットオプションの売却＝ドルを売る権利の売却ということは、相手方（である銀行）がドルを売る権利を購入するということですから、相手方（である銀行）がその権利を行使した時＝相手方（である銀行）がドルを売る時には、ドルを買う義務があるということです。相手方（である銀行）は行使するほうが有利な時だけ、その権利を行使するわけですから、逆にその権利の売り手は、不利な時だけドルを買う義務があるということです。有利か不利かは別として、「ドルを買う」という意味ではドルコールオプションの購入と同じ方向です。

　ただし、「ドルを買う」ことができる権利と、「ドルを買う」ことを強制される義務とでは雲泥の差があることは、もう十分

図表6　プットオプション売却の損益

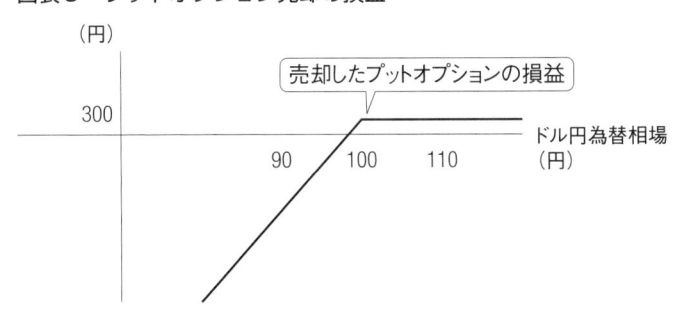

（円）

300　　　売却したプットオプションの損益

　　　　　　　　　　　　　　　　　ドル円為替相場
　　　　　　90　　100　　110　　　（円）

ご理解いただいていることと思います。

　これで、購入するドルコールオプションの権利料300円（100ドル×3円）の支払いに対し、売却するドルプットオプションの権利料300円（200ドル×1.5円）の受取りとなり、受払いする権利料はネットでゼロとなります。ここで注意してほしいのは金額です。購入するドルコールオプションが実際の仕入（＝実需）見合いの100ドルであるのに対し、売却するドルプットオプションはその倍の200ドルとなっています。同じ金額ではその権利料の受払金額がネットでゼロにはならないからです。このような組合せを「ゼロコストオプション」と一般的に呼んでいるようですが、非常に誤解を招くネーミングだと思います。あたかも、タダでオプションが購入できたかのような印象を受けてしまうネーミングです。単に権利料の受払いがたまたま差引きネットでゼロになったというだけであるのに……。

　それでは、このドルプットオプションの売却を追加したことにより、半年後はどうなるでしょうか？

第2章　「ヘッジ」って何？　47

かなり複雑になってきましたので、まずは、購入するドルコールオプションの効果は忘れて、このドルプットオプションの売却だけでの効果を確認して、そのあと2つのオプションの組合せについて効果を確認することにします。

＜ドルプットオプションの売却の効果＞
(1) 実際の販売契約時点でのドル円為替相場が1ドル110円の場合

　相手方（である銀行）は、このドルプットオプションの権利を放棄して、実勢相場である1ドル110円でドルを市場で売却します。この場合は、このオプションの売り手である顧客企業は相手方（である銀行）との間では何も取引は発生しません。したがって、顧客企業は、実勢相場でドルを購入することになりますので、円建ての仕入価格は100ドル×107円（110円－1.5×2円の権利料）＝10,700円となります（実勢相場が1ドル110円の時に107円ということですが、その6カ月前であるオプション契約締結時点では1ドル100円でした）。

(2) 逆に実際の販売契約時点のドル円為替相場が1ドル90円の場合

　相手方（である銀行）はこのドルプットオプションの権利を行使して、1ドル100円でドルを顧客企業に売却します。この場合、相手方（である銀行）が売却する金額は100ドルではなく200ドルです。したがってこのオプションの売り手である顧客企業は、200ドルを1ドル100円の価格で購入させられることに

図表7　プットオプション売却の効果

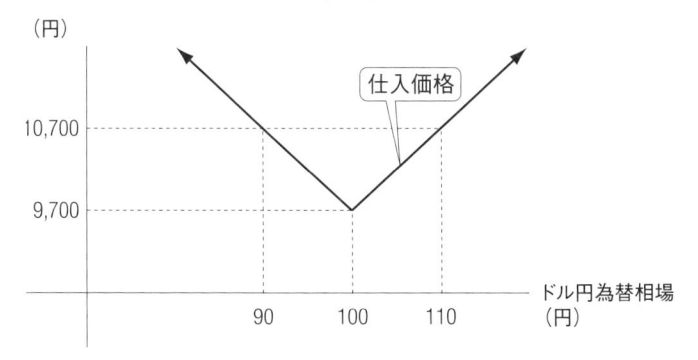

(円)

10,700
9,700

　　　　90　100　110　ドル円為替相場(円)

仕入価格

なりますので、円建ての仕入価格は①100ドル×97円（100円－1.5円×2の権利料）＝9,700円になる分と、②仕入れに必要ないのに余計に買う羽目になった100ドル分を、市場で実勢の90円で売却することにより発生する損失の1,000円（100ドル×（90円－100円））分の、合計10,700円になってしまいます（実勢相場が1ドル90円の時に、1ドル107円ということです）。

　つまり、仕入価格は円安に振れた時だけでなく、円高に振れた時も高くなってしまうということです。何やら雲行きが怪しくなってきました。

＜2つのオプションの組合せについての効果＞

購入するドルコールオプション（ドルを買う権利）の条件：100ドルを1ドル100円で買う権利
権利を行使できる時期：6カ月後

第2章　「ヘッジ」って何？　49

> その権利の値段：1ドル当たり3円
> 売却するドルプットオプション（ドルを売る権利）の条件：200ドルを1ドル100円で売る権利
> 権利を行使できる時期：6カ月後
> その権利の値段：1ドル当たり1.5円

(1) **実際の販売契約時点でのドル円為替相場が1ドル110円の場合**

売却するドルプットオプションではその相手方（である銀行）との間では何も取引は発生しませんから、購入するドルコールオプションの権利を行使して、1ドル100円でドルを購入するだけになります。すると、円建ての仕入価格は100ドル×100円（100円＋3円の支払権利料－1.5円×2の受取権利料）＝10,000円になり、販売価格を1ドル100円の時と同じ14,000円（10,000円＋1,000円＋3,000円）以上にできれば、想定どおりの粗利益を得られます。

(2) **逆に実際の販売契約時点のドル円為替相場が1ドル90円の場合**

購入していたドルコールオプションは権利を放棄しますが、相手方（である銀行）がこのドルプットオプションの権利を行使して、1ドル100円でドルを売却してきます。この場合、相手方（である銀行）が売却する金額は100ドルではなく200ドルです。したがってこのオプションの売り手は、200ドルを1ドル100円の価格で購入させられることになりますので、円建て

図表8 購入したコールオプションと売却したプットオプションの
　　　合成損益

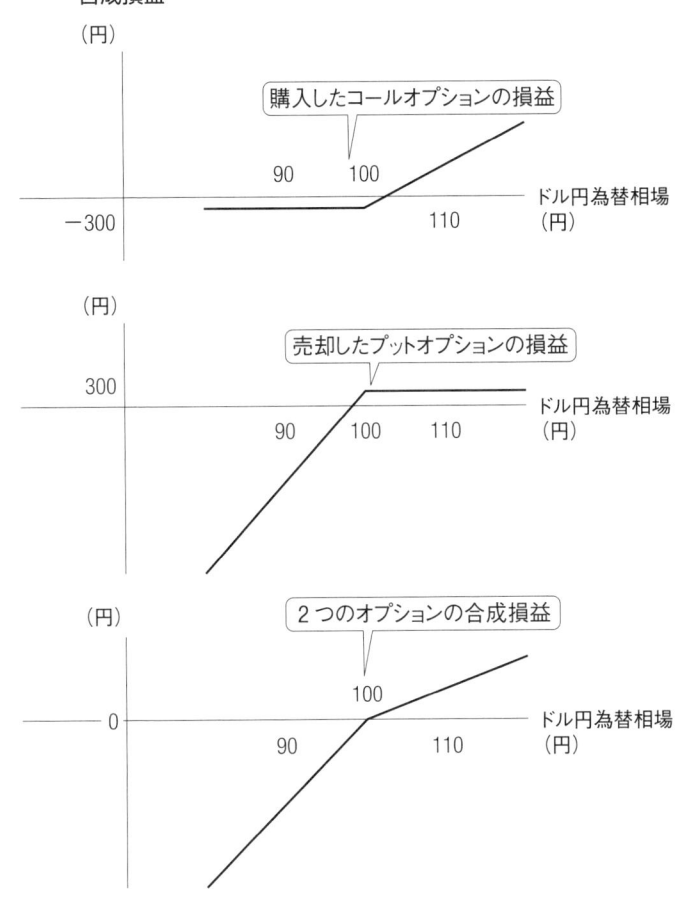

の仕入価格は①<u>100ドル</u>×100円（100円－1.5円×2の受取権利料＋3円の支払権利料）＝10,000円になる分と、②仕入れに必要ないのに余計に買う羽目になった<u>100ドル分</u>を、市場で実勢

第2章　「ヘッジ」って何？　51

の90円で売却することにより発生する損失の1,000円(100ドル×(90円－100円))分の、合計11,000円になってしまいます（実勢相場が１ドル90円の時に、１ドル110円ということです）。この場合、実勢相場が１ドル90円ですから、１ドル100円の時と比べ、販売価格は10円の円高メリットを販売先に還元せざるを得なくなっているにもかかわらず、仕入値は逆に１ドル10円分高くなってしまいます。販売先から要求されるであろう販売価格

図表９　購入したコールオプションと売却したプットオプションの合成の効果

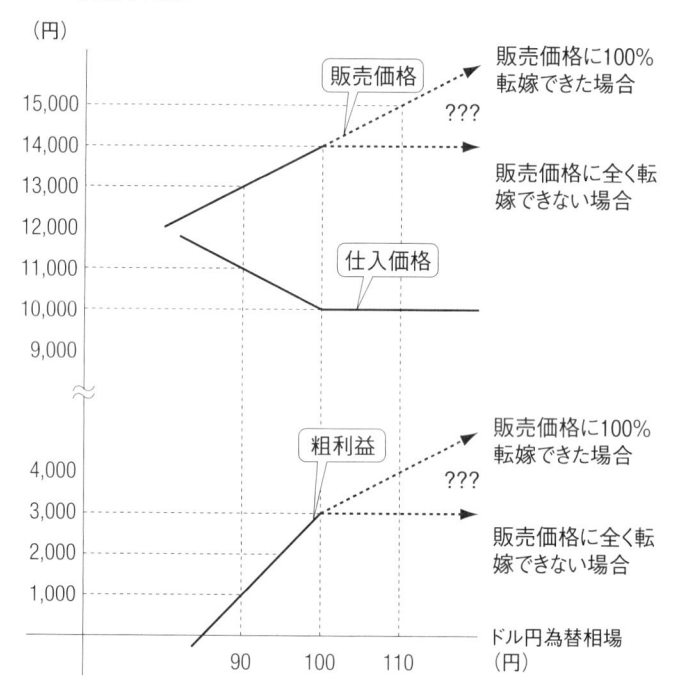

は13,000円（9,000円＋1,000円＋3,000円）であるにもかかわらず、円建ての仕入値が11,000円になってしまい、流通コスト等の1,000円を加えた12,000円がコストになってしまいますから、粗利益は確保したい3,000円ではなく、1,000円にまで縮小せざるを得なくなります。

　これでは、円高になってしまった場合に想定した粗利益が得られなくなるわけで、「ヘッジ」とは言えなくなってしまいました。

　本来オプション取引など何もせず、為替相場変動の影響を100％受ける状態であれば、円高では仕入価格が安くなり、円安では仕入価格が高くなることから、普通輸入企業は円高のほうが儲かりやすいはずです。しかしこの２つのオプションを組み合わせた場合、円高では仕入価格が高くなり、円安では仕入価格が安定することになり、まるで輸出企業のような損益状況となってしまいます。輸入企業なのに円高で損失が発生することになったのは、このためです。

　ちなみに、輸入実需の50％相当分にしか、このオプションの組合せを利用しなかった場合でも、程度の差はあれ輸出企業型の為替感応度になってしまいます。

　ドルコールオプションを購入するだけであれば、「ヘッジ」取引であったものが、その権利料＝保険料を支払わないようにするために細工を加えたことで、「ヘッジ」取引でなくなってしまったわけです。ドルプットオプションの売却取引を加えたことで、「ヘッジ」取引と言えなくなってしまったというこ

とです。第1章でオプション（権利）の買い手になることと売り手になることの違いを理解していただいたと思います。「オプションを売るということは、保険会社と同じ立場になることだな」と感覚的に理解していただいていればOKです。

保険の契約の場合、顧客の相手方である「保険会社」が「権利」の売り手になっていると説明しました。そのことを「保険会社が保険を引き受ける」といいます。顧客が持っているリスクをヘッジするためにその相手方としてそのリスクを引き受けるわけですから、当然保険会社は自分が持っているリスクをヘッジするためにその保険の引受けをするわけではありません。

「オプションを売る」ということはその取引の相手方が持っているリスクをヘッジするためであって、自分が持っているリスクをヘッジするための行為ではないということです。ですから、「オプションを売る」ということと、「ヘッジ目的」ということは本来結びつきようがないはずなのです。つまり、「ドルプットオプションを売る」という要素が加わり、このような組合せ商品になった時点で「ヘッジ目的」の商品のままではいられなくなったはずなのです。

6　「ヘッジ」という言葉の響き

ドルコールオプションの買いだけであれば「ヘッジ」商品で

あったものが、ドルプットオプションの売りを加えた組合せ商品となった時点で、もはや「ヘッジ」商品とは呼べなくなってしまったにもかかわらず、引き続き「ヘッジ」商品のラベルを付けたまま銀行が販売し、それを顧客企業が購入してきたということになりますが、それはなぜでしょうか？ 顧客企業が、「銀行さんが言うことだから間違いない」と思って、「ヘッジ」商品として購入してきたのか、それとももはや「ヘッジ」ではなくなっていることには気づいていたが、「ヘッジ」という説明が居心地がよいので、そのままにして購入してきたのかは、それぞれの社長さんに質問するしかありません。「投機」という言葉と違って、「ヘッジ」という言葉には、その言葉を使えば何でも許されるような、免罪符的な響きがあるようです。しかしながら、何をもって「ヘッジ」と言えるかは、先ほどから説明してきましたように、実はそう単純なことではありません。「ヘッジ」する対象である「ポジション」の抱える「リスク」の正体の見極めが重要であり、それがそう簡単ではないからです。

　「ヘッジ」取引も、ヘッジ取引の対象である「現物」がなければ（無視して見れば）、単に、何らかの利益を得る目的でリスクをとること（ポジションをとること）であり、「投機」取引や「投資」取引となんら変わりはありません。だからこそ、「ヘッジ」と言うためには見合いの「現物」のポジションの正しい理解がなければならないのです。ちなみに、「投機(Speculation)」と「投資（Investment）」はいずれも何らかの利益を得るため

にリスクをとって行う行為ですが、後者が長期的な利益を得る目的で事業等に資金を投下することとされているのと異なり、前者は短期的にうまくタイミングをとらえて「差益」を狙うマネーゲーム的な行為を指すこととされ、語感としてはあまりよいイメージが浮かんでくるものではないようです。

　そもそも輸出入企業等の事業会社は「本業」があり、外国為替取引等の金融取引はその「本業」に付随して発生する金融リスクをコントロールするためのものと考えられているのが一般的だと思います。金融取引が「本業」である金融機関と、そこが大きな違いです。そうは言っても事業会社としての「本業」を行っていくうえで、外国為替、金利、株価等の相場観を持つことは自然であり、また事業会社が「投資有価証券」を保有することが認められているわけですから、結果として金融取引による「投資」が行われることも自然です。ただ、輸出入取引という本業で大きなリスクをとっているうえに、「本業ではない」金融取引でリスクをとることは世間的に言えば、ちょっと古い言葉ですが「財テク」とみなされ、バブル崩壊後はどちらかといえば、ネガティブにとらえられることが多いと思います。

　筆者は、何らかの相場観を持って「投機」することを否定するものではありません。事業会社が、例えばある一定の限度額を持ってFX取引をすることは、株主に説明ができれば問題はないと思います。しかしながら実際のところは、「投機」と見られるような行為は何となくやりづらいというのが正直なところだと思います。「勝てば（利益が出れば）誰も文句は言わない

だろうが、負けた（損失が出た）時には何を言われるかわからない」というのが実情でしょう。

ところが、「ヘッジ」として行った取引の場合、その「ヘッジ」取引をすることによって、利益が減少したりしても（＝その「ヘッジ」取引をしていなかったほうが利益が多かった場合）、そもそも「リスクを回避または軽減するため」に行った取引であるから問題はなく、誰にも文句を言われない、ということになります。例えば、１ドル100円換算で国内販売価格を十分な利益を見込んで決めて、３カ月後に支払う輸入仕入代金を１ドル100円で為替予約により確定させた場合に、３カ月後の実際の支払時点のドル円為替相場が１ドル95円の円高になったとしても、「その１ドル100円の輸入為替予約はすべきではなかった」ということにはならないということです。

大多数の中小企業では相場観を持っており、その相場観にあった金融取引はしてもよいと考えている状況でも「投機」はしづらいということが一般的のようです。しかし、それは裏返せば、「ヘッジ」目的ならやりやすい、ということも実情だと思います。それが、「ヘッジ」という言葉の免罪符的な響きの正体です。

また、顧客企業だけでなく実は銀行側にも「ヘッジ」と言いたくなるような環境があります。金融商品取引法の「不招請勧誘の禁止」というルールの例外として、「継続的取引のある顧客への勧誘や、貿易会社等の為替リスクヘッジ目的の勧誘」がその適用除外とされているということです。簡単に言うと、本

来顧客からの要請がない限り勧誘はしてはダメだけれど、「為替リスクヘッジ目的」の商品の勧誘であれば、顧客からの要請がなくてもOKだということです。

　顧客企業にも銀行にも「ヘッジ」という単語を<u>拡大解釈</u>したくなるような環境があったということになります。そういった状況で、その「ヘッジ」対象である現物の保有するポジションを正確に把握し、そのリスクをきちんと分析したうえで、適切に「ヘッジ」取引を行ったと言えるのかどうかが問われることになるわけです。自分に都合のよい方向に<u>拡大解釈</u>をさせてはいなかったでしょうか？

　「現物と反対のポジションをとることによって、損失を回避するというヘッジ目的で行った取引なのに、どうして損失が生じたのか？」というそもそも論に立ち返ってみましょう。「ヘッジ」取引により、現物の利益との合算で利益が減少することはあっても、現物の利益との合算で損失になってしまうということは、どういうことでしょうか？　筆者には、「すでに現物の損益がマイナスになっているものの、リスクをとり続けているとさらに損失が悪化する危険性が高く、損失を限定するためにいわゆる損切りをするケース」ぐらいしか思いつきません。

　「円高リスク」をとることにより「円安リスク」を「ヘッジ」することが、顧客企業の「為替リスクヘッジ」をしたことになるのでしょうか？　<u>「円安リスク」を「円高リスク」に変換させただけ</u>ということであって、「ヘッジ」取引を行ったと

は言えないのではないでしょうか？　本当に顧客のヘッジニーズにあった商品を銀行は勧誘していたことになるのでしょうか？　銀行は行き過ぎた<u>拡大解釈</u>をしていなかったのでしょうか？

　もし、銀行が「ヘッジ」取引とは呼べなくなってきていることを理解していたにもかかわらず、「ヘッジ」取引として販売していたとすると、かなりまずい話になってしまいます。さすがにそういうことではないと思いたいです。ということは、<u>すでに「ヘッジ」取引とは呼べなくなってしまったにもかかわらず、売り手である銀行も買い手である顧客企業も、その十分な理解なしに、「ヘッジ」取引と称して「ヘッジ」取引ではない取引が締結されていたことになります。これはこれで、非常に深刻</u>です。

　「ヘッジ」取引としてではなく単なる市場取引、投機的な取引、ポジションテイキングとして行った取引であれば、それは「相場観」の話です。勝つも負けるも、単なる自己責任の取引です。

　しかし、取引が「ヘッジ」を目的としていたとすれば、話は違ってきます。

　金融商品取引法では、「金融機関は、顧客の知識、経験、財産の状況及び<u>金融商品取引契約</u>を締結する目的に照らして不適当と認められる勧誘を行って投資者の保護に欠けることとならないように業務を営まなければならない」（下線部筆者）となっています。まさに、商品の「使い方」が問われることになって

第2章　「ヘッジ」って何？　59

いるのです。「ヘッジ」という言葉の意味を銀行も顧客企業も真剣に考える必要があると思います。

7 オプション料の支払いを躊躇する理由

　第5節（45ページ）でペンディングにしておいた、「為替オプションを買う際の保険料（オプション料）の支払いを躊躇するのはなぜか？」ということについて、ここで説明しましょう。

　外国為替取引には、スポット取引（直物取引）の他に為替予約（先物為替予約、為替先物予約）があります。特定の外国通貨を、将来の一定の時期に一定の価格で受け渡すことを、現時点において約定する取引で、「予約」という語句が入っていますが、取引上は「売買契約」とされています。

　先ほどからの例では、以下のような取引になります。

商品のドル建ての仕入価格：100ドル
現在のドル円為替相場：1ドル100円
為替予約の条件：
予約実行日：6カ月後
予約レート：1ドル99円

今100円でドルを買う代わりに、6カ月後に99円で買う約束をすることです。大雑把な説明をしますと、ドルを今100円で買ってしまって、6カ月間ドル外貨預金で運用することと同じ経済効果になります。6カ月間（金利が低い）円預金に資金を置いておく代わりに、（金利が高い）ドル外貨預金で運用するので、その利息の違い分が織り込まれて99円になるとご理解ください。

　そして、伝統的に実需取引の「ヘッジ」のために、この「為替予約」が利用されてきました。先ほど「ヘッジ」と称するための要素としての、「価格変動リスクを負っているか」について説明している時に、国内販売価格が円建てで決まっている場合には為替リスクがあると説明しましたが（28ページ）、この場合に採算を確定させるために「ヘッジ」取引として伝統的に行われてきたのが、この「為替予約」というわけです。十分な採算を確定させるためですので、「為替予約」で「ヘッジ」するのが正道です。

　商品性だけで、この「為替予約」と「為替オプションの買い」とを比較しましょう。前者は、予約実行日である6カ月後の為替相場が、すでに締結ずみの予約レートである、1ドル99円よりも有利なレートになったとしても、これを理由に取消しはできず、期日に実行しなければなりません。それに対し後者は、権利行使日である6カ月後の為替相場を見て、購入してあるオプションを行使するか、放棄してその時点のスポット相場でドルを買うのか、有利なほうを選択できます。その代わり、

後者はオプション料＝権利料を追加的に支払わなければなりません。

　また、輸入業者の輸入仕入取引と国内販売取引とのセットとしての「実需取引」で発生するポジションに対する「ヘッジ」取引として見た場合、「為替予約」は、「国内販売価格が円建てで決まっている場合」に適切な商品であるのに対し、「為替オプションの買い」は、「国内販売価格が決まっていない場合で、ドル円為替相場が円安方向に変動した場合は、利潤を減少させられる可能性が高く、逆に円高方向に変動した場合は、販売価格を引き下げさせられ、円高メリットの価格転嫁を強いられる可能性が高い。つまり、円安によるデメリットはあるが、円高メリットは享受しにくい、という場合」に適切な商品です。つまり、同じ「ヘッジ」のために利用する商品でも、その前提である「ヘッジ」対象が違うということになります。

　それにもかかわらず、実需取引全体に伴うリスク認識、リスクヘッジニーズの把握を、顧客企業も銀行もきちんとしていなかったことから、単純に商品性だけを比較し、「為替リスクをヘッジするためには、すでに為替予約という商品があるのに、新しい商品である『オプションの買い』は権利料を払わなければならない。コストがかかるのはいやだな」という状況になったのではないかと思われます。

　また、伝統的に「為替予約」取引は期間がせいぜい３カ月から12カ月であり、見合いの実需取引での国内販売価格が決まっている場合がほとんどであったのに対し、問題となった為替オ

プション取引は期間が5年から7年と長期になっており、見合いの実需取引は国内販売価格が決まっているケースはまれという状況だったと思います。長期での国内販売価格が決まっていないケースにヘッジ取引として適切な商品は「為替オプションの買い」ですので、この場合「為替予約」も「ヘッジ」取引としては不適切な商品であったわけです。

　つまりここでも、「思い違い、勘違い」があったわけです。ですから銀行は「ヘッジ」取引のための商品として、<u>オプション料を支払いたくない</u>という顧客に対して、為替予約とは「ヘッジ」対象が異なることを説明し理解してもらうべきだったのであり、支払オプション料を相殺した「ゼロコストオプション」なる商品を捻り出すという方向に行くべきではなかったということです。

8　金利の例で考えてみると

　今度は、金利の例で考えてみましょう。例えば、債券の投資家です。ある金融機関が、期間5年、利率1％の国債を10億円保有しています。国債は毎日値段が変動します。したがって「価格変動リスク」に晒されています。その意味では、26ページの＜「ヘッジ」取引と宣言するための要素＞②（「現物」が価格変動リスクを負っていること）をクリアしています。しかしながら、本当にそのことだけをもってその金融機関が国債の「価格

変動リスク」に晒されていると言えるのでしょうか？ また先ほどの輸入企業の例と同じように少し視野を広げて、その投資家のバランスシートがどうなっているかについて見てみましょう。

a　資本金の運用のケース、
b　５年間固定金利0.5%での借入れに対する運用のケース、
c　３カ月CD（金利は0.1%）での調達に対する運用のケース
だとしましょう。

a　資本金の運用のケース

この場合、保有目的によって見方が変わることになります。この10億円は企業向け貸出が発生するまでのつなぎ運用としての保有だとした場合、企業向け貸出が発生した時に、「売却」することになるので、その際の「売却価格」がどうなっているかの価格変動リスクを負っています。したがって、この場合も＜「ヘッジ」取引と宣言するための要素＞②（「現物」が価格変動リスクを負っていること）はクリアしています。

次に、その保有目的が、満期（５年後）まで保有し続けることという場合はどうでしょうか？ 日本の国債がギリシャ国債みたいにならないという前提（すなわち日本国債はクレジットリスクがないという前提）で考えると、５年後には国債は満期を迎え、確実に元本10億円が現金で還ってきます。ということは、価格変動リスクはないということになります。すなわち＜「ヘッジ」取引と宣言するための要素＞②は当てはまりませ

ん。

資産	負債／資本
国債 （固定金利受取り）	資本金

b 5年間固定金利0.5%での借入れに対する運用のケース

この場合、運用資産の見合いの調達が金利も含めて確定しているので、通常その運用は、満期まで保有し続けることになります。5年間1％の金利を受け取り、0.5％の金利を支払うことで、毎年0.5％の利益が確定しますので、価格変動リスクはないということになります。すなわち＜「ヘッジ」取引と宣言するための要素＞②は当てはまりません。

資産	負債／資本
国債 （固定金利受取り）	借入れ （固定金利支払い）

生命保険会社の国債運用も、固定金利での予定利率を使った負債に対応するため、長期固定金利受取りの資産／長期固定金利支払いの負債の組合せです。そのため基本的にこのケースと同様と考えられることから、保有国債について時価会計でなく原価法での評価が認められているわけです。

c 3カ月CD（金利は0.1%）での調達に対する運用のケース

　この場合は、運用資産である国債の価格変動リスクの他に、3カ月CDの再調達に伴う、流動性リスク（3カ月後をはじめとして5年後まで再調達ができるかどうか）や金利リスク（今は0.1%ですが、金利が上がって例えば2%になってしまうかどうか）があります。運用と調達の両方全体で見ると、金利リスクに関しては、固定金利運用（受取り）／変動金利調達（支払い）の構造になっていて、金利が上昇すると運用利回りは変わらないのに、調達コストだけが上昇することから、金利上昇リスクを負っているということになります。すなわち＜「ヘッジ」取引と宣言するための要素＞②が当てはまります。

資産	負債／資本
国債 （固定金利受取り）	CD （短期＝変動金利支払い）

　つまり資産と負債それぞれの金利の性質（固定なのか、変動なのか）のバランスがとれているかがポイントだということです。とれていない場合に金利リスクがあり、ヘッジするかどうかを考えるべきということになります。

　これらをヘッジするとした場合、国債の価格変動リスクについては、国債の先物や、オプションの買い、あるいはこの期間5年の国債そのものの売却＋短期の国債の購入等があります。また調達サイドにも、流動性リスクについては、調達を5

年の調達に切り替えるとか、5年間のCD継続購入契約を投資家と行うなど、金利リスクについては、5年の調達に切り替える際の金利を固定にするとか、固定金利を支払い3カ月CP金利を受け取る「スワップ」取引を行うなど、いろいろな手段があります。

　そしてこれらのヘッジ手段は、運用サイドと、調達サイド両方のバランスを見ながら、最適の組合せを考える必要があります。運用サイドと調達サイドをバラバラに「ヘッジ」してしまうと、「ヘッジ」にならず、今までと異なるリスクを負っている状態になってしまう可能性があります。例えば、運用サイドは短期国債へ乗り換えて、金利上昇リスクをヘッジしたつもり（この時点で変動金利運用（受取り）／変動金利調達（支払い）になって、金利リスクに関してニュートラルになった）が、同時に調達サイドで、固定金利で期間5年の借入れに変更したとすると、全体では変動金利運用（受取り）／固定金利調達（支払い）という構造になってしまい、逆に金利下降リスクを負ってしまったことになります。

　このようなリスク管理をALM（Asset Liability Management；資産・負債の総合管理）といい、金利リスク管理の基本となっています。

9 「ヘッジ」についてのまとめ

ということで、「ヘッジ」についてまとめてみましょう。

㋐ 「ヘッジ」する対象の「現物」が何であり、どういう価格変動リスクを抱えているのかについての確認が第一歩である。

㋑ その価格変動リスクは「現物」単体だけでなく、取引全体（仕入取引と販売取引等）や、バランスシート全体（運用と調達）で考える必要がある。

㋒ そして、その価格変動リスクに対応したリスクヘッジ商品（の組合せ）を考える。

特に㋑が一番重要です。ここを間違えると、㋒も間違えることになります。何もしないこともリスクですが、新たな取引を行うことは、別のポジションをとることになり、それによって別のリスクをとることになります。それがたとえ「ヘッジ」取引であってもしかりです。

つまり、本当に「ヘッジ」取引であるかどうかの確認が重要ということです。もし「ヘッジ」のつもりが「ヘッジ」でなかったら、これは別のリスクがあるポジションをとってしまったことになるからです。

第3章

為替と金利の話

1 海外に現地法人を設立したところ円高で為替損が発生しました

　A自動車会社は、B国で現地生産を始めるために、100％出資の現地法人を設立し、工場を建設中です。現地法人を設立してから、1年経過したところです。A社は、「B国通貨（B＄としましょう）に対しての円高で為替損が発生しているので、何かよいヘッジ策はないか？」とC銀行にソリューションの提供を求めてきました。あなたが、C銀行の担当者だったらどういう提案をしますか？

　日本の輸出企業の海外進出の典型的なパターンです。まずは、事実関係の確認をします。

① A社が設立した現地法人の資本金がいくらで、その原資はどういう資金でしょうか？

　→資本金は1億B＄で、全額銀行から円建てで借入れを行い、設立時にB＄を買って送金した。

② その借入期間、借入金利は？　出資金のB＄購入時の為替レートは？

　→借入期間は5年、金利は1％、為替レートは1B＄＝100円だった。

③ その現地法人の資金はその出資金だけですか？　現地で借入れなどはしていますか？

　→いや、B＄金利は短期でも高いので、現状はすべて出資金

で賄っている。

④ 「為替損」というのは具体的にはどういうことですか？

→1年たって、現在のB＄為替相場は、1B＄＝97円に高くなっているので、A社の出資金1億B＄が、円換算で100億円だったのが97億円に目減りしている。

⑤ B＄金利が高いとのことですが、どれくらい高いのですか？

→長期の金融市場は未発達なので、長期金利はないが、期間6カ月の短期金利でも、10％になっている。

現地法人設立時の状況は、以下のとおりです。

■A社現地法人設立時
＜現地法人＞

資産		負債／資本	
現預金 建設仮勘定	合計 1億B＄	資本金	1億B＄

＜A社＞

資産		負債／資本	
関係会社出資金 （1億B＄）（1B＄＝100円）	100億円	円固定金利借入れ	100億円

＜連結ベース＞

資産		負債／資本	
現地法人の現預金 現地法人の建設仮勘定 （1億B＄）	合計 100億円	円固定金利借入れ	100億円

次に、1年後の状況の整理をします（損益は考慮しないこととします）。

現地法人のバランスシートは、資産が現預金と建設仮勘定合計で1億B＄、負債はゼロ、資本金が1億B＄のままです。

A社のバランスシートの該当部分は資産が関係会社出資金100億円（関係会社出資金は簿価計上）、負債が借入金100億円のままです。

A社連結ベースのバランスシートでの該当部分は、資産が（現地法人の）現預金と建設仮勘定の円建て金額の97億円（在外子会社等の財務諸表は親会社の決算時の為替相場で円換算）、負債

■1年後
＜現地法人＞

資産		負債／資本	
現預金 建設仮勘定	合計 1億B＄	資本金	1億B＄

＜A社＞

資産		負債／資本	
関係会社出資金 （1億B＄）（1B＄＝100円）	100億円	円固定金利借入れ	100億円

＜連結ベース＞

資産		負債／資本	
現地法人の現預金 現地法人の建設仮勘定 （1億B＄）（1B＄＝97円）	合計 97億円	円固定金利借入れ 為替換算調整勘定	100億円 △3億円
		合計	97億円

72

が（A社の）借入金100億円、資本金に「為替換算調整勘定」△3億円となります。この「為替換算調整勘定」の△3億円が実質的な為替損ということがわかります。

A社は確かに、1年前に出資金を送金した時にB＄を円の借入金を原資にして購入していますし（したがってこの時点で為替リスクをとっています）、その後の円高で「為替損」を被っています。

2 為替損が発生したことが即問題でしょうか？

「為替損」が発生したことだけをもって問題とするのではなく、この「為替損」の3億円が1年前にとった為替リスクに対して、大きかったのか、小さかったのかということを考えることが大切なのです。「為替損そのものをどうにかすることを、依頼されているのではないか」とお考えになる方もいるかもしれませんが、そうではないことをこれから説明します。

1年前に、A社が現地法人設立のための資本金をB国に送金する際に、A社はなぜ円資金を借入れし、その資金でB＄を為替市場で購入したのでしょうか？　他に選択肢はなかったのでしょうか？

他の選択肢としては、B＄建てで1億B＄の借入れを行い、その資金を出資金に充てることが考えられます。資産は出資金

の1億B＄、負債は借入金の1億B＄となります。バランスシートの右も左もB＄建てです。B＄／円の為替レートがいくらになろうと、為替損益は発生しません。資産が為替の影響で目減りすれば、負債も同じ為替の影響で目減りします（逆も真なりですが）。この状態が、「為替リスク」をとらない状態です。

　では、円建てでの借入れと、B＄建てでの借入れでは何が違うのでしょうか？

　金利です。円建てでは1％の借入金利（しかも5年間確定）、B＄建てでは、10％（6カ月の短期金利であり、その後は上昇するかもしれないし、下がるかもしれない）の借入金利です。

　為替リスクをとらないとすれば、10％の金利を支払う必要がありますが、為替リスクをとれば、1％の支払金利でOKです。だから、「為替リスク」をとったと言えましょう。「B＄為替相場はわからない、円高になると決まっているわけでもない、円安になるかもしれない。円金利がこんなに低いのだから、円高になるのをヘッジするために、何も初めから10％も払う必要はない」と考えても不思議ではありません。

　ですから、「為替リスク」をとったこと自体を、ここで問題視するつもりはありません。ただ、3億円＝3％為替損が発生したことをもって「損した」と考えるのはどうかと思うわけです。支払金利と、為替損益の合計で考えてみてください。もし、借入れをB＄建てで行っていたとすれば、為替リスクは発生しませんが、その代わり1,000万B＄＝9.7億円の支払金利が「費用」であったはずであるのに対し、為替リスクをとったA

社は、円建てで、支払金利1％＝1億円と、為替損3億円の合計4億円の「費用」ですんだことになります。為替リスクをとったことで、5.7億円コストをセーブできた、ということになるのです。大雑把に言うと、金利差の9％（B＄建ての金利10％－円建ての金利1％）分、為替で損しても（円高になっても）、初めからB＄建てで借入れしていた場合のコストと同じ、と考えるべきなのです。

③ 海外進出の事業計画における調達コストは現地通貨の金利で考えるべき

「でも、この事業計画の『調達コスト』は、円で1％を前提に立てているし、そのうえでこの事業自体の利益率は15％を想定して、B国に進出したのです。だから3億円は追加的な費用なのです。為替損は出したくないんです。何とかなりませんか？」との返事がA社からきたとしたら、どう答えますか？

「為替リスクはとるけど為替損は出したくない。資金調達は世界中で一番金利が低い母国通貨の円で調達したい」なんて、そんな虫のよい話はありません。「そんな前提で海外進出計画を立てるほうがそもそもおかしい」と答えるべきです。

もしそうだとすると、事業自体の想定利益率の15％のうち、B＄と円の金利差の9％分は本業の自動車生産販売による利益

第3章　為替と金利の話

率ではなく、「為替リスク」をとった対価としての利益が含まれていることになり、本業の想定利益率は6％ということになります。為替相場が安定し、変わらなければ、金利差分9％が稼げたことになるからです。

しかしその金利差の9％を狙うのであれば、単にB＄建ての外貨預金をすればよく、わざわざ工場を建てにB国まで行く必要もないわけです。そもそも論として為替リスクをとる対価としての利益計画と、事業＝本業リスクをとる対価としての利益計画をきちんと分解して立てる必要があるわけです。そうしないと、何で儲けたのかわからなくなってしまいます。

A社の例は筆者が20年ほど前に実際に経験しています。筆者は、当時思わず「損をしているのでなく、勝っているじゃないですか！」と言ってしまったことを今でも鮮明に覚えています。

4 海外の企業が日本に進出した場合、円建てで考えている

逆に、海外の企業が日本の企業に出資したケースを考えてみましょう。

例えば、ヨーロッパのD自動車会社が日本のE自動車会社に出資したとします。ユーロの金利は5年で5％、円金利は5年で1％とします。この場合に、D社がその出資金見合いの調達

をユーロで行うのか、円で行うのかということです。円で行えば、金利が低いだけでなく、為替リスクもありません。ユーロで行うと、金利が４％も高いうえに為替リスクを負います。普通わざわざ高い金利で調達して、為替リスクをとりにはいきません。よほど将来の円高を想定し、事業リスクの他に為替リスクをわざわざとりにいくと考えない限り、円建ての調達をすると思いませんか？

外国に投資をする時に、為替リスクをとりたくなければ、投資する国の通貨で調達すればよいのです。金利が低いからといって、投資する国の通貨以外の通貨で調達するのは、その金利差分、為替リスクをあえてとりにいっているということを、ご理解いただけたでしょうか？

5 世界で一番金利が低い円という通貨で資金調達ができるということは

しかしながら、ある意味で日本企業の海外進出の歴史自体が、Ａ社のような「思い違い、勘違い」で成り立ってきたのかもしれません。「世界で一番金利が低い通貨」という称号をスイスフランから奪い取って以降、どこの国であろうと現地通貨建ての資金調達は、円よりも確実に高い支払金利となってきました。したがって、現地法人の出資金見合いの現地通貨をわざ

わざ日本国内で高い金利を払って調達してきた企業は少数派ではないでしょうか？

　また、円建てで調達してきた大半の企業のうち、「為替リスクをとった対価分」と、それを除いた「本業リスクの利益計画分」とをきちんと分解して事業計画を立て、かつ、その後の業績評価をしてきた企業がどれくらいあるのかについても、筆者の見立てでは、残念ながらそれが少数派であろうと言わざるを得ません。為替リスクをとった対価分＝現地通貨と円の金利差分を別建てにして、本業だけの利益計画をベースにした場合、金利差分だけ利益率は減少します。そしてその減少した利益率でもどれだけの企業が、海外進出計画にGOサインを出したのか？　今となっては検証のしようがありませんが、「思い違い、勘違い」での海外進出がかなりあったのではないかと思うわけです。

6　為替損と低金利調達による金利差益を足し合わせたら？

　A社の例で、「為替損」の認識が連結での「為替換算調整勘定」で発生する△3億円と説明しました（72ページ）。この為替換算調整勘定についての細かい説明はここでは省きます。興味がある方は、会計の本で勉強してください。ここでは、A社の3億円の「為替損」と同じケースのことだとだけ理解してい

ただければ結構です。そして、海外に進出している日本の名だたる大手企業が、この「為替換算調整勘定」のマイナスが大きい企業のリストの上位に名を連ねています。業種で言えば自動車、電機、商社がトップ３を占めます。

「為替換算調整勘定」がマイナスでも、金利差を考慮した（為替＋資金コストの総合）採算までマイナスであったとは限らないことは先ほど説明しました。結果的には、金利差の分は各期の決算上、負債のコストが相対的に下がる形＝利益を押し上げる形で反映されてきているのに対し、為替損は「為替換算調整勘定」という形で、純資産の調整項目に反映されてきました。「税効果までも考えてみて、どちらがお得だったのか？」ということになります。ですから、円高の歴史で膨れ上がった日本企業全体の「為替換算調整勘定」のマイナスと、その間の現地通貨の金利と円金利の金利差分のメリットとどちらが大きかったのか、興味があるところです。どこかの銀行系のシンクタンクあたりが調べてくれるとありがたいのですが……。

また、なぜそれだけの錚々たる企業が出資金見合いの調達を現地通貨建てでしなかったのでしょうか？　もともと1998年の外為法改正以前は制限があったことと、会計上の取扱いが、外貨建ての関係会社出資金と外貨建て借入金とでは異なることから、外貨建ての借入れや通貨スワップ等でヘッジをすると、親会社の決算に影響が出てしまう可能性があることの２点が最大の理由と聞いたことがあります。財務会計上の取扱いに悪影響が出る可能性があるためということです。しかしながら財務会

計上の取扱いと、社内管理会計上の評価は違っても全然問題はないと思いますし、むしろその管理会計で為替の要素と金利の要素を調整しないと、当該進出事業の評価ができないのではないかと思うわけです。

　もちろん、為替リスクと本業リスクをしっかり分けて考える企業も確実に存在することは承知しています。海外企業を買収した、ある親しい上場企業の社長さんとこの話になった時、彼が「そうなんだよ、為替で儲かってきたのか、本業で儲かってきたのか、訳がわからないから、分解して実績報告を出せと経理部門に指示したばかりなんだよ」と話してくれたことを思い出します。

　また、大手商社では各事業部門と、財務部門との資金の社内レートを決める際に、①外貨建てで設定し、当該事業部門は為替リスクを負わず、財務部門がその責任を負う、もしくは、②円建てで設定し、為替リスクは当該事業部門が負うことのどちらかを、各事業部門に選択させるというのが普通になっているようです。

　「為替リスク」をとらないためには、現地通貨同士でバランスさせることを考えればよいのです。外貨建ての資産に対するヘッジの基本は、外貨建て負債（ないしは資本）ですし、外貨建て負債に対するヘッジは、外貨建て資産です。貸借対照表の右左が同じ通貨であれば、「為替リスク」はゼロです。何事もバランスが大切です。

　ちなみに、銀行は外貨建て貸付をする際には同じ通貨建ての

調達をすることが大前提であり、為替リスクをとるのは外国為替トレーディング部門や、海外現法の出資金等限られた分野だけです。ですから「為替感応度」や「想定相場」を公表する必要がないのです。

7 生命保険会社のヘッジ付き外債投資について

　為替と金利の話でよく話題になることの一つが、生命保険会社の外債投資です。「アベノミクスを受けた低金利と運用難で日本の"ザ・セイホ"は国外に資金をシフト」などと外国為替市場ではそのようなシナリオをはやしたてることがあります。その文脈でよく聞こえてくるのが「為替差損をヘッジするための短期の為替予約」という言葉です。いわゆる「ヘッジ付き外債投資」というものです。この「ヘッジ付き外債投資」について、為替と金利がどう絡んでいるのか考えてみましょう。

　今、100万円の資金を持っているとします（その資金のコストは考えないことにします）。

円金利の水準は10年国債金利1％、3カ月の短期金利0.5％
米国金利の水準は10年国債金利3％、3カ月の短期金利1％
為替レートは1ドル100円

---

① 普通に日本国債を買えば、金利は1％です。3カ月間保有するとし、日本国債の相場が変わっていないとすると、3カ月後の受取りは利息の2,500円（単純に3カ月／12カ月として計算）です。

資産		資本／負債	
日本国債	100万円	資本金	100万円

② 米国国債を為替ヘッジなしで買えば、元本は1万ドルで金利は3％です。この場合、1万ドルの元本も3％の受取利息についても為替リスクがあります。

資産		資本／負債	
米国国債	1万ドル	資本金	100万円

③ ヘッジ付き外債投資は、②プラス、ドル売り為替予約をすることです。3カ月先の先物レートは、3カ月の短期金利の金利差（1％－0.5％）が反映されますので、1ドル99.875円になります。そうすると、3カ月の米国国債の運用では、米国国債の相場が変わっていないとすれば、

資産		資本／負債	
米国国債	1万ドル	資本金	100万円

（為替予約付）

10,000ドル×(100＋ 3 ×0.25)％×99.875≒1,006,241円ということで、6,241円の受取利息相当になります。

①と③を比較すると、③のほうが運用利回りが高いように見えます。受取利息（相当）だけを見れば確かにそうです。しかし、日本国債も米国国債も10年の債券ですから、3カ月後にそれぞれの相場（元本価格）がどうなっているかの、債券相場変動リスクを負っていますので、③の投資をするかどうかは、米国国債相場が相対的に日本国債相場よりもよいとの見通しが重要な要素となります。為替相場は関係ありません。

④　米国国債の運用にはもう一つ別の方法があります。追加的に1万ドルを3カ月借りてきて、その資金で米国国債を買う方法です。この場合、

借入れの資金コストは10,000ドル×1％×1／4＝25ドル
運用の受取利息は10,000ドル×3％×1／4＝75ドル
差引き50ドル≒4,994円（@99.875）

ですが、もともと保有していた100万円は米国国債の購入資金には使われていないので、別途3カ月預金で運用できます。

1,000,000円×0.5％×1／4＝1,250円

合計　4,994＋1,250＝6,244円

となり、ほぼ③と同じ結果となります。

　円資金は円で、ドル資金はドルでそれぞれ運用していますので、この場合も為替リスクはありませんし、米国国債相場が一番重要な要素であり、その成績が日本国債相場と比べてどうなのかがポイントになることは、③と同じです。

資産		資本／負債	
米国国債	1万ドル	米ドル借入れ	1万ドル
円預金	100万円	資本金	100万円

　そうです、③の3カ月のドル売り為替予約に当たる部分が、④の追加的な1万ドルの3カ月の借入れと、100万円の3カ月預金での運用を合わせた部分になるのです。

　また、④の米国国債の運用の部分は、銀行がドルの短期資金で調達した資金で米国国債を購入している運用形態そのものです。つまり、「ヘッジ付き外債投資」は、先物予約をすることにより、外貨資金の短期調達と、円貨資金の短期運用をペアですることと同じことになり、米国国債投資としては、銀行の外貨運用／外貨調達での米国国債投資と全く同じリスク／リターンの運用に変化させたことになるのです。つまり、米国の長期金利と短期金利の金利差および米国国債が値上がりするかどうかをターゲットにした運用であり、為替にはニュートラルな運用です。したがってザ・セイホの「ヘッジ付き外債投資」が円安要因となるわけではありません。ドルと円の金利差をターゲットに為替リスクをとりながら行っているヘッジなしの運用とは全く異なる運用と考えるべきなのです。

　では、10年持ちきり前提で考えたらどうなるでしょうか？
　①は10年間金利1％確定です。
　②は為替リスクをとる期間が3カ月でなく10年間になるだけの違いです。

④の米国国債の運用では、受取利息はドルで3％確定です。その見合い米ドル資金の調達コストは、最初の3カ月は1％ですが、その後は10年間どうなるかわかりません。金利が上昇すれば逆鞘になってしまうかもしれません。利鞘は不確定です。他方、円資金の運用ですが、3カ月ごとの短期運用をするのも、10年の日本国債を買ってしまうのも可能です。合算すると、<u>ドルのネット運用利回り＋円の運用利回り</u>ということになります。

　③は、3カ月ごとにドル売り予約の実行、ドルの購入、また新たなドル売り予約の締結（あるいは、ドル売り予約の延長）を繰り返すことになります。これの「ヘッジコスト」がどうなるかは、ドルと円の短期金利の状況次第ということになります。結果として④と同じリスク／リターンということになります。ただし、③でのヘッジ期間を3カ月にするか、6カ月にするか、1年にするか決めることは、④でいうドル資金調達期間と、円資金運用期間を「同じにする」ということになりますので、④のように、それぞれ期間をバラバラ（例えば、円の運用は10年国債、ドルの資金調達は3カ月ごと）にできるのと比べて選択肢は狭まります。

　ついでに説明しておきますと、④の追加的なドル資金調達／円資金運用の組合せと全く同じ経済効果になる方法が「通貨スワップ」です。④のように、資産／負債を膨らませることなく、同じキャッシュフローになる方法です。デリバティブというのはそもそも、現物取引と同じ経済効果を異なる形態で（オ

フバランスで）行うものですし、実は非常に便利なものです。デリバティブの正しい使い方については第6章で詳しく説明します。

8 シップファイナンス（船舶金融）について

為替と金利に絡む問題をもう一つ。

X汽船は大手のY海運との間で15年の用船契約を締結し、銀行から15年の長期融資を得て、新規に船を建造した。Y海運がドル建ての運賃収入となる外航船として利用することから、X汽船とY海運との間の用船契約はドル建てとなった。他方で、船を建造するために国内の造船所に支払う、円資金の手当てとして銀行から借り入れた融資は、円建てであった。運航を開始してしばらくして、急激な円高に見舞われ、ドル建ての用船料の円ベースでの手取り収入が大幅に目減りし、赤字転落となった。

この場合の問題点は何でしょうか？

もうお気づきのとおり、ドル建ての用船収入に対し、なぜ円建ての借入れをしたのかということです。借入れは、15年間の半年ごとの元利均等返済とし、用船料の受取りも半年ごととすると、その受取用船料がその借入元利支払いの原資となるわけです。受け取るのがドルで支払いが円ですから、当然、しっか

り為替リスクを負った形です。円建ての借入れをする際に、ドル建てでの借入れは検討したのか？　検討の結果、円建ての借入れを選んだのか？　検討すらしなかったのか？　貸した銀行はどんなアドバイスをしたのか？　といった疑問が浮かんできます。

資産		資本／負債	
船舶	15億円	円建て借入金	15億円

年間収入		年間支払い	
ドル建て用船料 10%	150万ドル	円建て借入金元金および支払利息 支払金利3％	1.2億円

（1ドル100円）

　実際の話では、「ドル建てでの借入れを検討したが、それでは採算に乗らなかったので、金利の安い円建ての借入れにした」というケースが多いようです。しかし、「ドル建ての借入れでは採算に乗らない」ということは、裏を返せば「為替リスク」をとらないベースでは儲からないという意味です。そうであればここで検討されてGOサインが出されたプロジェクトは、採算の大半が為替リスクをとった対価（ひどい場合は、そのうちの一部分だけ）となる計画だったことになります。例えば、用船収入の利回りがドルで10%だとし、ドル建てでの融資の場合の金利が8％、円建てでの融資の金利が3％だとします。この場合、円建てでの借入れでは、上の表のように、為替

が円高にならなければ、毎年の借入元利金支払いに十分な用船料収入があるように見えます。しかし、ドル建てでの借入れでは下の表のように、毎年の借入元利金支払いには不十分な用船料収入となってしまいます。つまり、為替リスクをとらない場合には、採算があわない案件であったところが、円建ての借入れにして為替リスクをとったことにより、採用してもよさそうに見える案件になった、ということになります。先ほどのA自動車会社と同じパターンです。

資産		資本／負債	
船舶	1,500万ドル	ドル建て借入金	1,500万ドル

年間収入		年間支払い	
ドル建て用船料 10%	150万ドル	ドル建て借入金元金および支払利息 支払金利8％	160万ドル

（1ドル100円）

そこで問題となってくるのは、「なぜ銀行が円建てで融資をしたのか？」ということになります。まさか、国内の造船所に支払うのが円だったからとかいう話ではないと思います。ドル建てで借り入れても、すぐスポット為替相場で円転してそれを造船所への支払いに充てればよいのですから。通常、こういったシップファイナンスは、SPC（特別目的会社）が船舶を保有し、そのSPC向けに融資をするという形態をとります。もちろん、船舶保有会社向けの事業与信であり、ノンリコースローン

ではありませんので、必ずしもSPC単体での採算、リスク管理が絶対というわけではありませんが、為替で儲かるのを前提のスキームということは、銀行の与信リスクにも為替リスクが内包されていたということになります。

　おそらくシップファイナンスの歴史は、内航船の用船契約（すなわち円建ての用船料）見合いの船の建造に係る円建ての長期融資に始まるものと推察します。その段階では、為替リスクは発生しませんから、それで全く問題がなかったということになります。問題は、その後の輸出入の増加に伴い、外航船の用船契約（すなわちドル建ての用船料）見合いの船の建造が増加した際に、その資金調達について、シップファイナンスが得意な銀行や、用船契約の相手方である大手海運会社が、為替リスク管理に関するアドバイスをどこまで十分にしたのかということにあると思います。借り手の船会社の自己責任の話であるといえばそれまでですが、円建てで融資をした銀行についても、わざわざ為替リスクを内包する与信リスクをとりにいったことに問題はなかったのか、ということになると思います。

第4章

銀行のリスク管理の話

ところで銀行は万全のリスク管理を行っているのでしょうか。

ここでは、2つの興味深いお話を紹介します。

1 預金に係るリスク管理の話

一つ目は、銀行の資金調達の基本である「預金」についてです。あなたは100万円をF銀行に預けようとしているとします。この100万円は5年間使う予定がありません。F銀行の窓口で、あなたは、次の3通りの選択肢を提示されました。

① 期間5年の定期預金：利率は0.05%
② 期間5年のF銀行普通社債：利率は0.30%
③ 期間5年（3年後に銀行が満期繰上げできるオプション付き）の仕組み定期預金：利率は0.35%

あなたはどれを選びますか？

まず、①の定期預金と②の社債の最大の違いは何でしょうか。「定期預金は元本保証だけど、社債は元本割れのリスクがある」という答えが一般的だと思います。しかし、5年後の満期には社債も元本で還ってきます（ここではF銀行の破綻というクレジットリスクは考えないことにします）。満期の元本保証という意味では定期預金も社債も同じです。社債の元本割れのリスクは、「途中で、例えば2年後に、どうしてもこの100万円を使う必要に迫られ、売却せざるを得なくなった時に発生する」の

です。したがって、正確には「中途で解約や売却する時に、定期預金は元本保証だけど、社債は元本割れのリスク（元本を上回る可能性もありますが）がある」ということです。

　このことを、銀行の立場で見るとどういうことになるのか考えてみましょう。

　まず、定期預金の場合、5年定期といっても、満期以前にも顧客から要求があればいつでも元本で返さなければなりません。中途で解約された場合の利率は普通預金の利率（＝現在はほとんどゼロ）に下がりますが、あくまでも元本は返す必要がある資金ということです。

　他方、社債の場合は、5年間満期まで自由に使える資金です。中途で顧客が売却しても、それはあくまでも社債の流通市場での売却ですので、通常証券会社経由で他の投資家に転売されることになり、社債の発行体であるＦ銀行には関係ないことになります（買入消却という制度があり、その社債を発行体であるＦ銀行が買い受けて、その金額だけ、流通残高を減少させることもできますが、これはあくまでもＦ銀行がそうしたいという時だけです）。

　つまり、定期預金はいつまで使えるかわからないが、社債は5年後の満期まで自由に使えるということですので、銀行にとって社債の利率を定期預金よりも高く設定してもかまわないということになります。逆に、定期預金にはそんなに高い利率は提示できないのもあたりまえと言えます。

　では、③の仕組み定期預金＜期間5年（3年後に銀行が満期繰

図表10　定期預金VS銀行社債VS仕組み定期預金

		定期預金	銀行社債	仕組み定期預金
期間		5年		
利率		0.05%	0.30%	0.35%
商品の特徴				3年後に銀行が満期繰上げできるオプション付き
預金者から見た特徴	満期の元本リスク	無		
	中途解約時の元本リスク	無	有	有
	その他リスク			満期繰上げ時以降の再運用リスク
銀行から見た特徴	満期までの資金利用可能性	無（いつでも元本返済義務）	有	△いつでも解約される可能性はあるが、発生する費用は預金者に請求可

上げできるオプション付き）の仕組み定期預金　利率は0.35％＞はどうでしょうか？「定期預金」という名称を使っていますが、先ほどの「定期預金」の特徴である、「中途で解約する時に、定期預金は元本保証」という、預金者にとってのメリットを「放棄」してもらっている「定期預金」です。特約付きの「定期預金」ということです。

　つまり、社債と同じように中途で解約する場合に、元本割れ

のリスクがある「定期預金」です。しかも、3年後に銀行のオプションで満期が繰り上がる可能性があるという特約も付いています。「銀行のオプションで」という意味は、正確には「銀行が預金者から購入した満期繰上げのオプションを行使することで」ということですので、預金者はそのオプションを「売却」しているということです。

先に、オプションには買い手と売り手がいて、経済効果は全く違うと説明しました。「オプション」という単語を耳にしたら、すぐに「その買い手なのか、売り手なのか」をチェックするということを、基本動作にしてください。そうすると、結構世の中見えていなかったところが見えてきます。

では、そのオプションは3年後にどういう状況になっていれば、行使されて、満期が繰り上がるのでしょうか。3年後には、その定期預金の残存期間は2年となっています。そしてその時の2年の市場金利が今よりも下がっていて、例えば0.2%でF銀行が調達できるようになっていた場合、F銀行は、0.35%の預金金利を払い続ける代わりに、その仕組み定期預金を満期繰上げして、新たに0.2%で資金を調達したほうが合理的となります。逆に、金利が上昇していた場合は、そのまま定期預金を続けてもらったほうがF銀行にとってお得ということになりますので、満期の繰上げはされません。

銀行から見て、預金者からの依頼で中途解約される可能性はありますので、その意味では5年間自由に使える資金ではありません。しかし、その預金者からの依頼での中途解約に際して

は、もともと仕組み定期預金を設定するにあたって、銀行がそのヘッジとして行っていたデリバティブを解約することになり、そこで費用が発生する場合には、その費用分を預金者に解約違約金として請求（＝元本から差引き）できる「特約」が付いているので、銀行が代替の資金を市場で調達できる限りにおいては、経済的な損失は発生しませんから、②の社債と同程度の金利を支払ってもOKと言えます。また、銀行はその他に３年後に満期繰上げができるオプションも保有しています。したがって②の社債よりも、そのオプションが追加的に付与されている分、高い金利を支払う約束をしても、問題ないということになります。

　では、預金者から見た場合はどうなるでしょうか？　まず、満期（繰上げのケースも含めて）まで解約しないつもりであれば、満期の元本保証は普通の定期預金や、社債と同じです。そして、中途で解約せざるを得なくなった場合の元本割れのリスクですが、これは②の社債と同じです。これは、見方を変えれば、もともとの定期預金の基本的な特徴としてある、中途解約時の元本保証（いつでも元本保証による中途解約を銀行に要求できるオプション）を、放棄する代償として、社債並みに比較的高い利率が設定されているとも言えます。

　次に、３年後に銀行が満期繰上げできるオプションについて考えてみましょう。オプションの権利を保有しているのは銀行ですから、預金者はそのオプションを売却していることになりますが、そのリスクは５年間据え置きのつもりが３年後に戻っ

てきてしまうかもしれないということです。前述のとおり、戻ってきてしまうのは、残り２年の金利水準が低い場合です。もともと５年間預けるつもりであったことから考えれば、さらに２年間定期預金等で運用することになるわけですが、その場合の利率は0.35％よりも低くなっていることになります（再運用リスクといいます）。

したがって、５年間0.3％で確定している社債とどちらがお得になるかはわかりません。もちろん考えようによっては、３年で戻ってきた場合は、もともと３年の定期預金をしたり３年の社債を買ったことに比べれば、かなり高い利回りだったと納得してもよいかもしれません。ですから、オプションを売却しているとはいえリスクは限定的と言ってよいと考えられます。

ということで、３通りの商品のリスクと利回りの違いの意味がおわかりいただけたことと思います。利率が高いのにはそれなりの理由があるわけで、また逆に利率が低いのにもそれなりの理由があるわけです。世の中そんなにうまい話はありません。

ここまでは前置きです。本題に入ります。①の定期預金の特徴である、中途で解約する時の元本保証についてです。銀行から見た場合、定期預金はいつでも解約されるおそれがあり、その際に元本は預金者に返す必要があります。「定期」預金との名前がついていますが、銀行にとっては、いつまで使えるかわからない資金だということです。その意味では、実は限りなく普通預金や当座預金に近い性格（＝いつでも引き出される可能

性)を持っているわけです。

　短期資金であれば、見合いの運用も本来はあまり長い期間にわたる運用はできないものです。しかしながら、これまで「定期預金」が大量に中途で解約されるような事態は当該金融機関に破綻の可能性が出てきた時以外はまずなかったので、「定期預金」の満期までその資金が利用できるものとして、資金の流動性の管理をしている金融機関がほとんどです。つまり、長期の資金として管理をしているわけですので、見合いの運用もそれなりの長さを許容しているということです。

　さて、預金者から見てみると、「元本保証」をされているということは、「いつでも元本で返してもらうことを要求できるオプションを買っている」ということです。では、せっかく買っているオプションをどういう時に行使するのがお得なのでしょうか？

　それは、金利が上昇している時です。先ほどの例で５年間0.05％での定期預金をしたとします。そして２年後に世の中の金利が上昇して、例えば２％（期間３年の金利）になったとします。その時に「あ～あ、何でこんなに安い金利で５年間も預けちゃったのだろう、失敗したなあ」ということになると思います。しかし当初は５年間のつもりで預けた定期預金を中途で解約して、その時点で、期間３年、利率２％の定期預金に預け替えればよいのです。もちろん、当初の２年間の利息＝0.05％×２年分が、普通預金金利に下がってしまう（世の中の金利が上がっていれば、下がらないかもしれませんが）ことにな

りますが、元本は必ず戻ってきます。5年間合計では、そのまま定期預金を解約しなければ、0.05％×5年＝0.25％で2,500円の利息ですが、2年後に中途で解約して乗り換えれば、2％×3年＝6％で、60,000円の利息になります。つまり、世の中の金利が上昇した時に、いつでももっと有利な預金等に預け替えられるオプションを保有しているということなのです。

　では、先ほどの例で②の社債（5年間、0.3％）を買っていた場合はどうなるでしょうか？　その場合は、金利が上昇していると債券の価格は下がっているはずです。それが「元本割れリスク」です。0.3％が2％になっているとすると、おそらく価格で100円につき5円ほど下がっていて、94.9円くらいになっていることと思います。2年間の総合採算は利息が0.3％×2年＝0.6％で6,000円の受取りと、債券の売却損の5.1％＝51,000円を合わせて、マイナスの45,000円になり、残りの3年間を預替えした定期預金の利息の、955,000円×2％×3年＝57,300円の受取りと合わせて、差引き12,300円の収入です。これでは、社債を売らずに、満期まで保有していた場合の利息15,000円（0.3％×5年間）よりも少なくなってしまいます。

　「元本保証」をしてもらっているという意味がおわかりいただけたでしょうか？

　では、逆にその「元本保証」をしている金融機関から見た場合、どういうことになるでしょうか。社債の場合は、満期まで自由に使え、なおかつコストが確定している資金です。急に返

せとは言われないので、いつ何に使っても大丈夫です。しかし、「定期預金」の場合はいつでも元本を返さなくてはいけませんし、その資金を満期まで使えると思って使っていると、急な解約に対しては、他から資金を手当てしてきてそれに充当するか、持っている資産を売却してそれに充てるかのどちらかの手を打たなければなりません。

金利が上昇している時を考えてみましょう。先ほどの例で５年間0.05％での定期預金を預けてもらったとします。そして２年後に世の中の金利が上昇して、例えば２％（期間３年の金利）になったとします。そして、預金者が中途解約を申し出てきたとします。他から資金を手当てしてきて、中途解約に充当するとした場合、残り３年間のコストは、当初は0.05％ですむと思っていたのが、２％に跳ね上がります（最初の２年間のコストは普通預金金利に下がりますが）。

他方、持っている資産を売却してそれに充てる場合はどうでしょうか。例えば、国債を保有していた場合、市場金利が上昇していればその国債の価格は間違いなく下がっているはずです。すなわち、売却損が発生するわけです。先ほど預金者が預金の代わりに社債を買っていた場合にどうなるかを説明しましたが、細かい金利等の条件は別として、大まかなところでは同じ理屈です。

残り３年間の毎年のコストが上昇するか（他から資金を手当てするケース）、その時点で売却損が発生するか（持っている資産を売却するケース）で、損失の出る時期が異なりますが、金

利が上昇している時に定期預金を中途解約されると損失が発生することになるわけです。

　先ほど、実は短期資金であると認識していれば、本来はあまり長い運用はできないはずのところ、実際は「定期預金」の満期までその資金が利用できるものとして、資金の流動性の管理をしている金融機関がほとんどであり、見合いの運用もそれなりの長さで行っていると説明しました。長らく円金利の上昇がなかったので、金利選好による大量の預金の解約の実績がなかったことから、そのリスクはあまり気にされていないように見受けられます。「元本保証」という名のオプションを売却しているということを、どれだけの金融機関の経営者が理解していて、そのリスクを十分認識しているのでしょうか？　地震による津波の危険性をあまり重要視していなくて、大変なことになった電力会社と同じような金融機関は、実はかなりあるのではないかと思います。金利上昇リスクのほうが、東日本大震災レベルの災害発生リスクよりも、蓋然性ははるかに高いとみているのは筆者だけではないと思うのですが……。

2　リレーションシップ目的での株式保有について

　もう一つ、よく考えれば不思議な話をしましょう。銀行の取引先の株式保有コストについてです。

例えば、G銀行が親密取引先H社の株式を投資目的ではなく、いわゆるリレーションシップ目的で保有しているとします（持合株式ともいいます）。1株500円で、1万株とすると取得価格は500万円になります。通常、銀行内の管理上は、H社の取引（融資が中心）担当店がその保有コストを負担します。その担当店は、「H社の株式を保有しているがゆえに融資等の取引が広がり、結果として銀行の収益にこれだけ貢献するから、保有するメリットがある」として、その株式を保有し続けるべきと、行内的に主張します。メリットを享受するのがその担当店ですので、保有株式のコストを負担するのもその担当店ということです。

資産		負債	
H社株式	500万円	預金	500万円

　問題は、その場合の「保有コスト」の計算です。株式を保有するための資金コスト（この例では500万円の資金の金利負担と受取配当金収入との差額）をカウントはしていますが、その株価が下落するリスクをヘッジするコストまで計算している（実際にヘッジするかどうかは別としても）銀行はおそらくないと思います。つまり、いわゆる総合取引採算の計算上は株価下落リスクヘッジコストが反映されていないということです。

株式保有コスト
① 株式保有見合い資金調達コスト－受取配当金収入

② 株価下落リスクヘッジコスト

　株価が上昇するか下落するかを判断しながら、購入したり売却したり、保有し続けたりするのが、投資目的での有価証券投資です。投資目的での保有であれば、「株価が上がる」と思って保有するわけで、「下がる」と思えば売却したり、ヘッジしたりするものです。

　しかし、リレーションシップ目的で保有するということは、その株式の株価変動とは関係なく保有するということです。すなわちリレーションシップ目的で保有している場合、株価が下がると思っても基本的に売却はできないということです。いくら投資目的でなくリレーションシップ目的での保有だとしても「銀行」全体としては株式を保有していることには変わりはないわけで、銀行のリスク管理上、その株式の価格下落リスクを誰かが管理しているべきものです。

　では、行内の管理上は、誰がそのリスクを負っているのでしょうか？　リレーションシップを見ている担当店でしょうか？　投資目的での保有ではないですから、担当店は通常株価の上昇による評価益も下落による評価損もカウントされることはありません。担当店がリスク（リターンも）を負わないとすると、有価証券投資部門でしょうか？　リレーションシップ目的で売ってはいけない株式を保有させられ、同時に株式相場の変動のリスクを負えと言われても、それを甘受する有価証券部門の人はまずいないと思います。売れないのですから、価格下落リス

クに対処するためには、デリバティブ等（信用取引や、貸し株を利用した売建て、あるいは株式オプション等）を利用するしかないわけですが、それには相応のコストがかかります。といってそのコスト相当分を、予算上「必要経費」として有価証券部門に配賦している銀行というのも聞いたことはありません。

取引担当店でも有価証券運用部門でもなければ、誰が管理しているのでしょう？　誰もしたがらないので、ほとんどの銀行が「本部管理」「別枠管理」といった対応になっているようです。つまり、株価が上昇しても誰も「よくやった」とは言ってくれませんが、その代わり下落して評価損が出ても、誰も責任はとらないという極めて無責任な、別の見方をすればサラリーマンにとって極めて都合のよい「管理体制」となっているのです。

株価上昇による評価益も、誰の手柄にもならないのだから、下がった時の評価損が誰の責任にならなくてもよいではないか、という声が聞こえてきそうです。しかしながら、取引先向けの融資に関しては審査部門があり、その審査に基づき融資を実行し、それに伴い貸倒引当金も積み立てているうえ、その業績が悪くなれば、行内的にその責任をとる部隊があります。一方、同じ取引先の株式保有に関し、「リレーションシップ目的」という黄門様の印籠のような響きだけで、「株式保有」の株価変動リスクを和らげるためのリザーブたる、「株価変動引当金」的なリザーブを積むわけではありません。また株価下落による評価損の責任をとる部隊があるという話も聞いたことが

ありません。株式投資を純投資として行う部隊が行内に存在しているにもかかわらずです。

　リレーションシップ目的だから保有ということであれば、そこをきちんとすべきです。ヘッジコストを算出し、相当分を有価証券部門に配賦して、それで相場管理の機会と責任を割り振ればよいと思います。そして、その配賦したヘッジコスト相当分はリレーションシップを管理する取引担当店が負えばよいのです。そのコストを含めて総合取引採算をはじいてはじめて、当該株式を保有するメリットがあるかどうかの正しい判断ができると筆者は思います。それが本当の「管理会計」です。

第5章

本業でとっているリスクと本業以外のリスクの分離
（管理会計の勧め）

第3章第6節（80ページ）で海外企業を買収した、ある親しい上場企業の社長さんの、「そうなんだよ、為替で儲かってきたのか、本業で儲かってきたのか、訳がわからないから、分解して実績報告を出せと経理部門に指示したばかりなんだよ」という言葉を紹介しました。そのとおりだと思います。

1　為替による損益を別建てにしてみましょう

　為替オプション取引を行っている輸入企業の業績を分析する際、非常に単純ですが、わかりやすい方法は、決算書上の円建ての仕入額＝売上原価の数字を、実際の為替オプション等を使った予約レートで換算するのではなく、為替オプション等の予約レートと、それぞれの予約実行月のスポット為替相場との差額を「為替差損益」とし、円建ての仕入価格は、それぞれの予約実行月のスポット為替相場で換算した数字として別建てで見てみることです（厳密には、国内販売価格を決定した時点の、スポット為替相場で比較すべきですが）。

　通常、売上原価の数字の基礎となる円建ての仕入価格は、外貨建ての仕入価格に、換算する為替レートを掛け合わせたもので計算されます。換算する為替レートは購入した外貨がスポットでの購入であれば、その日のスポット為替相場、オプションを含めた為替予約を使うのであれば、その為替予約レートで

す。つまり、決算書上の「売上原価」の中に、為替の要素が含まれているのです。予約レートが、スポット為替相場よりも有利（円高）であれば、予約をしたことによる為替で儲かった分が円建ての仕入価格に混入していることになり、逆に予約レートがスポット為替相場よりも不利（円安）なレートであれば、予約したことによる為替で損をした分が円建ての仕入価格に混入していることになります。ですから、そこから「為替での損益分」を分解する必要があります。

　その数字と、営業外の損益で計上されている「為替差損益」を足し合わせたものが、その輸入企業の、本当の「為替差損益」合計になります。普通、営業外で「為替差損益」が計上されることは、それが「益」でも「損」でも、一見してわかりますので目立つことから、嫌がられるようです。「益」であれば、「営業利益」＝「本業の利益」に含まれる形にすることにより、「本業」が儲かっているように見せたいものです。また、「損」も、「営業外費用」で独立して「為替差損」で計上すると、「為替の投機（スペキュレーション）をして損をした」みたいな悪印象を招くかもしれないという危惧から、あまりそこで計上はしたがらないようです。その結果、できるだけ円建ての仕入価格に紛れ込ませるのが多数派ということになります。

　しかし、決算書上にどう見せるかというのと、経営分析のために内部管理会計上の数字をどう認識するかは、同じである必要は全くないと思います。内部管理会計上は、実際の決算書の数字から、為替分が決算書上のどこに計上されているかには関

係なく、為替の要素を分離することにより、本業の実績と、為替リスク管理上の実績とに分解すべきなのです。

2 別建てで管理することにより、部門別の数字がわかりやすくなります

　仕入部門（輸入部門）は、為替相場が今後円安に向かうのか、円高に向かうのかを判断する担当ではありません。それを管理するのは財務・経理部門です。それぞれの持ち場で頑張ればよいはずです。ドル建てでの輸入価格を頑張って値切ったのは、仕入部門（輸入部門）の貢献ですし、逆も真なりです。他方、適用する為替レートが、実勢相場と比較して円高なのか、円安なのかは財務・経理部門の手腕です。

　また、その仕入品（輸入品）を国内で販売するにあたっては、販売部門にとっては、スポット為替レートで換算した円建て仕入価格に、どれほど利益を上乗せできるかが勝負なのだと思います。財務・経理部門が頑張って円高のレートで決済できて、円建ての仕入価格が相対的に安くなったことにより、粗利が増えたとしても、それは財務・経理部門の貢献分であり、販売部門が頑張ったことにはなりません。かえって、円建ての仕入価格が、実勢為替相場を使った場合と比べて安い場合は、同じ利益率を上乗せして販売しても、販売価格が割安になるはず

図表11　輸入企業における部門別建値通貨管理

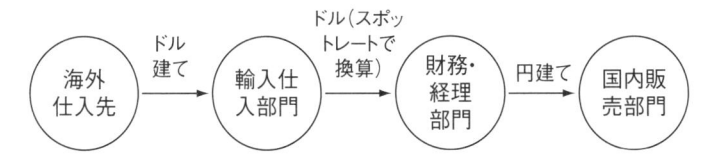

海外仕入先 →（ドル建て）→ 輸入仕入部門 →（ドル（スポットレートで換算））→ 財務・経理部門 →（円建て）→ 国内販売部門

で、販売部門が頑張るまでもなく、販売は楽になると思います。そうすると、販売部門の努力が緩みます。売上げが増えたり、粗利が増えたりすることが、販売部門の貢献だと「思い違い、勘違い」することになりやすいと思います。うまくいく場合は皆自分の手柄にしたくなるものですし、逆にうまくいかない場合は、他人のせいにしたがるのは、人間の性ですから。

3　輸出企業も同じです。その際、部門間の「仕切り値」は重要です

他方、輸出企業の場合はどうでしょうか？

基本的には同じです。商品の国内製造・仕入部門は、円建ての製造／仕入コストを、事業計画上の想定製造／仕入コストよりも安くできるかがポイントです。そして、輸出／販売部門は、ドル建ての想定輸出ベースレートに利益をどれだけ上乗せして販売できるかがポイントとなります。さらにその両部門の間で為替をマネージするのが、財務・経理部門です。

そこで重要なのは、商品の国内製造・仕入部門と、財務・経

理部門の間の「仕切り値」および、財務・経理部門と輸出／販売部門との間の「仕切り値」です。

例題で考えてみましょう。

半年先の輸出

製造原価：10,000円の商品

現在のスポット為替レート：1ドル100円

半年先の先物為替レート：1ドル95円

利益率：30%

国内製造・仕入部門との間の「仕切り値」は10,000円です。

では、輸出部門との間の「仕切り値」はどうなりますか？

① 1ドル100円とすると、ドル建ての製造原価は100ドルになり、利益率30%を上乗せして130ドル（利益は30ドル）が輸出価格となります。

② 1ドル95円とすると、ドル建ての製造原価は105.26ドル、輸出価格は136.84ドル（利益は31.58ドル）に設定されます。

実需に伴う為替相場変動リスク（為替リスク）が、「製造・仕入れから販売までの値段が確定した段階から発生する」と考え

図表12　輸出企業における部門別建値通貨管理

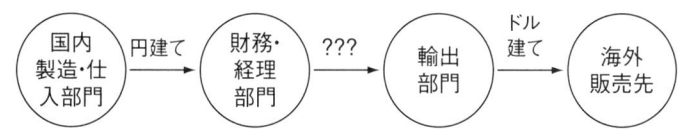

国内製造・仕入部門 →円建て→ 財務・経理部門 →???→ 輸出部門 →ドル建て→ 海外販売先

ると、ここでは、販売が設定された輸出価格で決められた瞬間から発生するということになります。それ以降の為替リスクは財務・経理部門の領域になります。

　財務・経理部門が為替リスクをとらないで淡々と機械的にヘッジすると仮定します。①のケースでは、130ドルの輸出為替（半年先受領）が発生しますが、それの為替リスクをヘッジするために先物為替予約をすると、その先物予約レートは95円になります（100円ではできません）。すると130ドル×95円＝12,350円の輸出価格となります。製造原価が10,000円でしたから、2,350円しか利益が出ていません。「あれ、3,000円の利益のつもりだったのに」ということになりますが、130ドル×（100円－95円）＝650円分、先物予約でコストがかかるため目減りしてしまうのです。

　<u>この目減りは、輸出部門が安売りしたことによるわけではありません。しかしだからといって、それを「為替損」と言うべきでしょうか？　この目減りは、財務・経理部門が悪いのでしょうか？</u>

　②のケースで考えてみましょう。

　この場合は、136.84ドルの輸出為替（半年先受領）を１ドル95円の先物為替予約でヘッジすることになります。136.84ドル×95円＝13,000円の輸出価格になります。予定どおり3,000円の利益が出ることになります。輸出価格を130ドルでなく136.84ドルに設定したことにより、想定どおりの利益が確保できたのです。この6.84ドル（136.84－130）は、「<u>輸出部門が想</u>

第5章　本業でとっているリスクと本業以外のリスクの分離　113

定の利益率より高く輸出価格を設定して、財務・経理部門が出す為替損を帳消しにした」と言うべきなのでしょうか？

製造原価	換算為替レート	ドル建て製造原価	利益率	輸出価格	想定粗利益	ヘッジ後円建て輸出価格	実際の粗利益
10,000円	1ドル100円	100.00ドル	30%	130.00ドル	30.00ドル	12,350円	2,350円
10,000円	1ドル95円	105.26ドル	30%	136.84ドル	31.58ドル	13,000円	3,000円

ここで、先物予約レートの決まり方について復習しておきましょう。

この例題のように、

> 現在のスポット為替レート：1ドル100円
> 半年先の先物為替レート：1ドル95円

となるのはどういう条件の時でしょうか？

専門用語では、先物レート＝スポットレート±直先スプレッドで、ドルディスカウント／円プレミアムの時（米国の金利が日本の金利より高い場合）は、直先スプレッドをスポットレートから差し引き、ドルプレミアム／円ディスカウントの時（米国の金利が日本の金利より低い場合）は、直先スプレッドをスポットレートに加える、と説明されます。

例題のケースは5円の直先スプレッド分スポットレートから

差し引かれていますので、ドルディスカウント／円プレミアム（米国の金利が日本の金利より高い場合）です。

米国の金利は11.6%、日本の金利は１％だと大体それくらいになります。

なぜそうなるか、もう少し詳しく説明します。

資産		タイミングと為替レート	負債	
円預金元金と、円預金受取利息（半年後受取り）	12,287円 61円	（現在） １ドル100円	ドル建て借入金元金と、ドル建て借入金支払利息（半年後支払い）	122.87ドル 7.13ドル
合計	12,348円	（半年後） １ドル95円	合計	130.00ドル

例題のケースで、半年後に130ドル受け取る輸出為替があるとしました。そして、その輸出為替債権を今ヘッジしたいわけです。その半年間の時間差をドルの借入金という債務で埋めてみましょう。つまり、半年後に元利合計で130ドルになるようなドル建ての借入れをすれば、その借入金は半年後に受け取る輸出為替の130ドルで返済できることになります。すると、今借り入れられる元金はいくらになるでしょうか？　ドル金利が年利11.58%とすると、半年ですから金利は5.8%になりますので、130÷1.058≒122.87ドルになります。

そして、今借り入れて受け取った122.87ドルをスポット為替市場で売れば、１ドル100円ですから、12,287円の受取りにな

ります。本来半年後に受け取る輸出為替ですから、今現金を受け取る必要はないはずですので、その受け取った12,287円を円金利の１％で半年間運用すればよいことになります。そうすると、半年後に元利合計で12,348円となります。これは、130ドルを半年先の先物為替レートの１ドル95円で円転した数字（12,350円）とほぼ同じ金額となります。

　借入れと運用を組み合わせて時間差を埋めるということです。通貨が異なる借入れと運用を組み合わせるわけですから、それぞれの金利の違いの影響が出てくるということです。別の言い方をすると、半年先に受け取るドル建ての債権（資産）に対して、半年先に返済するドル建ての債務（負債）をぶつけて、為替リスクをヘッジすると言うこともできます。

　第３章第６節（80ページ）で「『為替リスク』をとらないためには、現地通貨同士でバランスさせることを考えればよいのです。外貨建ての資産に対するヘッジの基本は、外貨建て負債です」と説明しました。先物予約レートは、まさにヘッジの基本のメカニズムで構成されているのがおわかりいただけたと思います。

　つまり、②の先物為替レートの95円が正しい「仕切り値」なのです。スポット為替レートの100円を「仕切り値」にすると、為替リスクをヘッジすることによる目減り分を社内の誰が負うのかをめぐって、もめる原因になってしまうのです。スポット為替レートの100円を基準にして物事を見てしまうと、直先スプレッドの５円分が、ヘッジすることに伴う追加的な

「コスト」と認識され、それを「支払いたくない」と思わせる要因になります。そして、結果的にヘッジ自体を躊躇させることにもなってしまうわけです。

相場観に基づく為替リスクのポジションをとることと、どちらに転ぶかわからないけれど、とにかくコストを払いたくないから、結果的に為替リスクのポジションをとることは、質的に全く異なります。

また、ここで誤解のないように説明しておくと、「実際にヘッジするかどうか」と、「今ヘッジしたらいくらでできるのかを知る」ということは別問題です。「今ヘッジできるレート」で仕切った後に、財務・経理部門が与えられた権限の中で、相場観に基づき実際にはヘッジをしないで為替リスクのポジションをとったり、先物為替予約ではなく、オプションを購入してみたりすることは、会社の考え方の問題であり、財務・経理部門の「本業」ということになります。

輸出企業の場合、先物為替レートを「仕切り値」にするべきだと言いましたが、先ほどの輸入企業の例では、スポット為替レートを使うように説明しました。どうしてでしょうか（図表11参照）。

図表13　輸出企業における部門別建値通貨管理

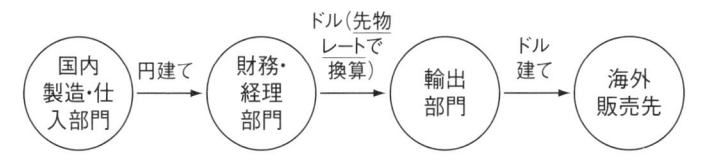

国内製造・仕入部門 →円建て→ 財務・経理部門 →ドル（先物レートで換算）→ 輸出部門 →ドル建て→ 海外販売先

第5章　本業でとっているリスクと本業以外のリスクの分離　117

厳密に言えば、輸入企業の場合も先物為替レートを「仕切り値」にすべきです。

輸出企業の例と同じように例題で考えてみましょう。

半年先の輸入
輸入仕入価格：100ドル
現在のスポット為替レート：１ドル100円
半年先の先物為替レート：１ドル95円
利益率：30％

輸入仕入部門との間の「仕切り値」は100ドルです。

では、国内販売部門との間の「仕切り値」はどうなりますか？

① １ドル100円とすると、円建ての輸入仕入価格は10,000円になり、利益率30％を上乗せして13,000円（利益は3,000円）が国内販売価格となります。

② １ドル95円とすると、円建ての輸入仕入価格は9,500円になり、国内販売価格は12,350円（利益は2,850円）に設定されます。

国内販売が確定次第すぐに、輸入為替100ドルをヘッジするとしましょう。すると、先物為替レートは１ドル95円ですから、円建ての輸入仕入価格は②の9,500円になります。国内販売部門との「仕切り値」を１ドル100円にした①では、国内販売価格を決めるにあたって基準となった想定輸入仕入価格が

10,000円でしたので、実際にヘッジした9,500円との差額の500円が追加的な「益」になります。しかし輸出企業の例で、直先スプレッドの５円分の目減りが誰のせいでもないと説明したように、輸入企業での直先スプレッドの５円による「益」も誰のおかげでもないのです。ですから、厳密には、②の先物為替レートを「仕切り値」にすべきなのです。

輸入仕入価格	換算為替レート	円建て輸入価格	利益率	国内販売価格	想定粗利益	ヘッジ後円建て輸入価格	実際の粗利益
100ドル	１ドル100円	10,000円	30％	13,000円	3,000円	9,500円	3,500円
100ドル	１ドル95円	9,500円	30％	12,350円	2,850円	9,500円	2,850円

　それが正論なのですが、①のようにスポット為替レートを基準にしたことにより、結果的に13,000円で販売できればそれはそれでプラスですからよいのではないでしょうか？　国内販売部門が頑張れるかもしれません。競争上、13,000円ではなかなか商談が成立しない時に、12,350円までの値下げを国内販売部門に許容するための「バッファー／余裕」にするのが、よいのではないかと思います。実際に直先スプレッドを正確に理解している人は少数派であるように見受けられますので、そうであればその「思い違い、勘違い」を商売上プラスに利用すべきです。ただし、あくまでもその500円の追加的な「益」は、財務・経理部門の努力による「益」ではないということを、社内的に認識しておく必要があります。この部分での「思い違い、

勘違い」は厳禁です。

　また、国内販売部門との「仕切り値」である１ドル100円よりも円高水準ですぐにヘッジできるわけですから、財務・経理部門も自然にヘッジしやすくなる可能性があります。輸出企業のように何か追加的なコストを払わなければヘッジできないと思ってしまうと、ついついヘッジを躊躇してしまい、大きなケガにつながるおそれがあるのとは逆です。

　さらに言えば、為替オプションの被害にあった輸入企業は、上記②のような適正な直先スプレッドを大幅に上回るスプレッド（例えば、10円とか15円とか）のレート（＝かなり円高のレート）を銀行から見せられ、心が動いてしまい、結果的に痛い目にあったわけです。適正な直先スプレッドによる先物為替レートではなく、為替オプション売却取引による予約レートを基準に利益率を上乗せして国内販売価格を決めてしまうと、その<u>適正な直先スプレッドを大幅に上回る分（例では５円を上回る分）はオプションの売却という余計な為替リスクをとった対価としての分</u>であるにもかかわらず、その分まで国内販売価格を押し下げてもあたかも適正な利益率（ここでは30％）が上乗せされているかのような「思い違い、勘違い」に陥ってしまう危険性があります。ですから、あえてスポット為替レートを基準にしたほうが、間違ってもよい方向での「思い違い、勘違い」ですむと考えたわけです（図表11参照）。

　ただし、輸入企業がスポット為替レートを基準にしたほうがよいのは、あくまでも外貨の金利が円金利よりも高い（＝外貨

ディスカウント／円プレミアム）間だけです。円金利が上昇して外貨の金利よりも高くなった場合は、外貨プレミアム／円ディスカウントとなり、先ほどの説明と全く逆の状況になってしまいます。先物予約レートがスポットレートよりも円安の水準（例では95円ではなく105円）になることで、輸出企業はヘッジしやすくなりますが、逆に輸入企業はスポット為替レートよりも悪いレートでヘッジすることになってしまいます。その場合は、原則の「先物予約レート」を基準にしてください。かなり長い間円金利が世界中で一番低い状態が続いていますので、外資ディスカウント／円プレミアムがあたりまえになっていますが、あくまでもたまたまそうなっているだけです。ご注意ください。

4 ここでとりあえずまとめてみます

① 本業でとっているリスクと本業以外のリスクの分離をすべき。
② 特に為替は輸入／仕入／製造部門、輸出／国内販売部門ではなく、財務・経理部門が管理するとともに、それらの間の「仕切り値」を「先物予約レート」を使って設定すべき。
③ ただし、円金利が外貨の金利よりも低い間は、輸入企業はあえてスポット為替レートを使ったほうがよい。
④ 「実際にヘッジするかどうか」と、「今ヘッジしたらいくら

でできるのかを知る」ということは別問題。
ということになります。

5 海外現地法人も含めた場合は？

では、海外に現地法人を保有してグローバルな展開をしている場合の基本的な考え方はどうあるべきでしょうか？

第3章第1節（70ページ）でのA自動車会社の話を思い出してください。基本線は「グローバルにも為替リスクを別建てで管理する」ということです。現地法人は現地通貨で物事を考えなければなりません。親会社は、親会社単体および連結ベースでも同様に為替リスクを別建てで管理するべきです。また、そのうえで原則としてできるだけ、為替リスクをとらないように、現地通貨建ての資産には現地通貨建ての負債を、現地通貨建ての負債には現地通貨建ての資産を見合わせることにより、リスクを最小化することを基本線に置く必要があると思います。為替リスクをとるにしても、基本線を把握したうえで、あえてどれくらいとるのかについて、リスク管理が必要です。

a 現地法人向け輸出のケース

まず日本の親会社が現地法人向け商品を輸出し、現地法人が現地顧客に販売するケースを考えます（米国現地法人としましょう）。

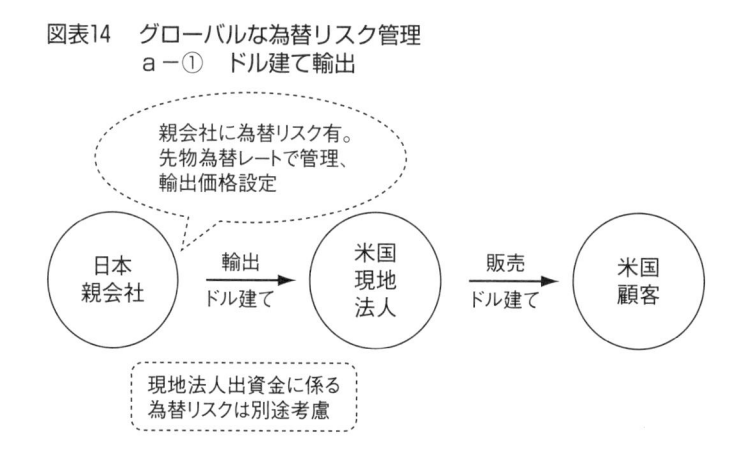

図表14　グローバルな為替リスク管理
　　　　 ａ－①　ドル建て輸出

（日本親会社）――輸出 ドル建て→（米国現地法人）――販売 ドル建て→（米国顧客）

親会社に為替リスク有。先物為替レートで管理、輸出価格設定

現地法人出資金に係る為替リスクは別途考慮

① ドル建ての場合

　輸出通貨がドル建ての場合、米国現地法人には為替リスクは発生しませんが、日本の親会社に為替リスクが発生します。この場合、第三者向けの輸出と同様に先物為替レートをベースにドル建ての輸出価格を設定して現地法人に輸出すれば、あとは財務・経理部門がその先物為替レートでヘッジするか、あえて為替のポジションをとるかの判断をして、マネージしていくことになります。

② 円建ての場合

　輸出通貨が円建ての場合、日本の親会社には為替リスクは発生しませんが、米国現地法人に為替リスクが発生します。この場合、先物為替レートをベースに米国国内販売価格を設定し、あとは、現地法人の財務・経理部門がその先物為替レートでヘッジするか、あえて為替のポジションをとるかの判断をし

図表15　グローバルな為替リスク管理
　　　　ａ－②　円建て輸出

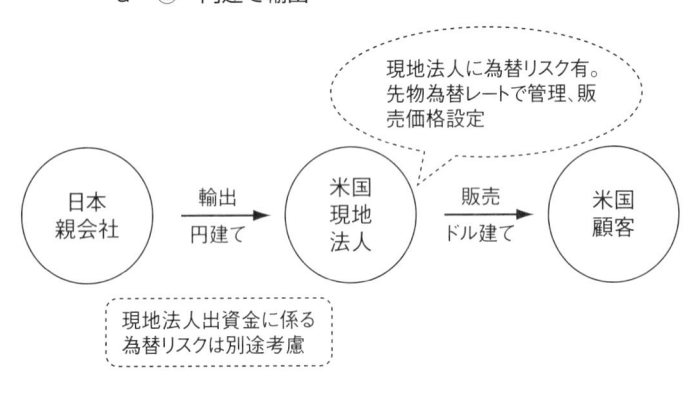

```
                    ┌─現地法人に為替リスク有。
                    │ 先物為替レートで管理、販
                    │ 売価格設定
                    ↓
  ┌──────┐  輸出   ┌──────┐  販売    ┌──────┐
  │日本  │ ────→ │米国  │ ────→  │米国  │
  │親会社│ 円建て │現地  │ ドル建て│顧客  │
  │      │        │法人  │         │      │
  └──────┘        └──────┘         └──────┘
        ↑
   現地法人出資金に係る
   為替リスクは別途考慮
```

て、マネージしていくことになります。

　輸出為替の他に管理すべきものに、親会社が出資しているドル建ての現地法人出資金があります。これが厄介です。ドル建てでの出資金ですから、それにぶつけるべきなのは、ドル建ての債務です。ドル建て資産とドル建て負債でバランスがとれますが、日本の会計上は、親会社単体では、資産サイドのドル建て現地法人出資金は出資した時の為替レートで換算した円建ての簿価で固定されるのに対し、ドル建ての負債は短期であれば毎期洗い替え、長期でも満期時には洗替えされることから、どこかの段階で、為替時価ベースで引直しをされてしまいます。資産は為替簿価のままですが、負債は為替時価になってしまうことから、会計上ぶれる原因になってしまいます。本来はバランスがとれている外貨資産・外貨負債の組合せが会計上ぶれてしまうという理由から、多くの企業から嫌われてしまい、その

ようなバランスのとり方はなされていないのが実情です。もちろん、外貨建ての負債にすると金利が円より高いことから、資金コストの上昇につながる（ように見える）こともその一因であると思われます。

　ただし外貨建ての負債の金利コストに関しては、現地法人出資金の配当との兼ね合いでも考えるべきものだと考えます。要求する配当金利回りは、ドル建ての市中金利と比較してどうなのかであり、決して円建てでの負債コストとの比較であってはならないわけです。

　逆に連結ベースでは、その外貨建て資産も為替時価で計算されてしまうことから、為替時価で計算される外貨建て負債と同じ扱いになるわけで、連結ベースでの決算書を重視する企業であれば、外貨建て負債をうまく利用すべきだと思います。ただ、そのような連結会計になったのは比較的最近であることから、それ以前に積み上げた外貨建て現地法人出資金には対応する外貨建て負債は今さら使えないという声も聞こえてきそうです。少なくとも、新しく出資する分に関しては、外貨建て負債を利用すべきですし、古くからの外貨建て現地法人出資金＝「為替換算調整勘定」の赤字の原因に対しては、円高修正が進んできた今、どこかでヘッジする＝外貨建て負債を見合い債務として採用することにより、「為替換算調整勘定」のこれ以上の赤字のブレをなくす絶好のチャンスかもしれません。

図表16　グローバルな為替リスク管理
　　　　ｂ－①　ドル建て輸入

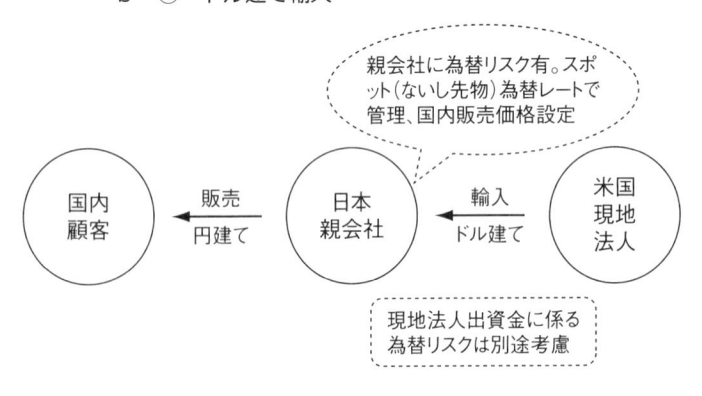

（親会社に為替リスク有。スポット（ないし先物）為替レートで管理、国内販売価格設定）

国内顧客　←販売 円建て―　日本親会社　←輸入 ドル建て―　米国現地法人

（現地法人出資金に係る為替リスクは別途考慮）

ｂ　現地法人からの輸入のケース

　次に、現地法人が製造拠点や仕入拠点となり、日本の親会社がその商品を輸入するケースです。

① 　ドル建ての場合

　輸入通貨がドル建ての場合、米国現地法人には為替リスクは発生しませんが、日本の親会社に為替リスクが発生します。この場合、第三者からの輸入と同様にスポット為替レート（ないし先物為替レート）をベースに円建ての国内販売価格を設定すれば、あとは財務・経理部門が先物為替レートでヘッジするか、あえて為替のポジションをとるかの判断をして、マネージしていくことになります。

② 　円建ての場合

　輸入通貨が円建ての場合、日本の親会社には為替リスクは発

図表17　グローバルな為替リスク管理
　　　　ｂ－②　円建て輸入

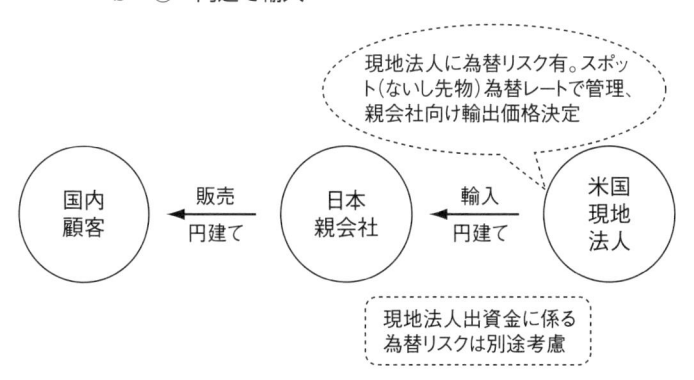

```
                    ┌─────────────────────────┐
                    │ 現地法人に為替リスク有。スポッ │
                    │ ト（ないし先物）為替レートで管理、│
                    │ 親会社向け輸出価格決定      │
                    └─────────────────────────┘
                                ⋮
  ○         販売      ○         輸入      ○
国内　　 ←───────　 日本　　 ←───────　 米国
顧客     円建て      親会社    円建て       現地
                                          法人

                    ┌─────────────────────┐
                    │ 現地法人出資金に係る     │
                    │ 為替リスクは別途考慮    │
                    └─────────────────────┘
```

生しませんが、米国現地法人に為替リスクが発生します。この場合、スポットないし先物為替レートをベースに親会社向け輸出価格を設定し、あとは、現地法人の財務・経理部門がその先物為替レートでヘッジするか、あえて為替のポジションをとるかの判断をして、マネージしていくことになります。

　親会社が出資しているドル建ての現地法人出資金の問題は、ａのケースと同様です。

　親子間の輸出入通貨をドル（現地通貨）にするのか、円にするのかについては、どう考えるべきでしょうか？　親か子（現地法人）のどちらかが外貨建ての取引をし、その為替（リスク）を管理しなければならないのですから、原則的にはドル（現地通貨）がよいと思います。つまり、親会社が為替（リスク）を管理するということです。その理由は、㋐為替（リスク）管理は単体の問題ではなく、グループ全体の問題であるこ

第５章　本業でとっているリスクと本業以外のリスクの分離　127

と、㈤各現地法人でバラバラに管理するよりも、親会社の財務・経理部門で集中管理するほうが効率的であること、㈦海外現地法人の出資金の為替リスクの管理は親会社でせざるを得ないことなどです。

ただこの問題は、どちらが為替リスクをとるのかということではなく、どちらが管理するかということです。親子間の輸出入価格を先物為替レートを基準として設定すれば、どちらも為替リスクを負わない形で輸出入が可能になるわけですから。

「原則」と言ったのは、主要通貨以外では為替管理の問題や、市場の情報量の関係等から、現地で管理したほうが効率的なこともあるからです。ただしその場合も、現地法人が為替リスクを負うというわけではありません。

つまり、すべて円（円金利やスポット為替レート）で物事を見るのではなく、取引をしている国の通貨（その国の金利や先物為替レート）でも物事を見るという、複眼的視点があるべき姿だということです。そして、為替と金利はいつもセットで見る癖をつけることも重要です。「先物為替レート」は「為替レートに２通貨間の金利差を調整するもの」であり、まさにその「為替と金利をつなぐもの」と理解すると、視点のベースをスポット為替レートではなく、先物為替レートに置くべきことを納得していただけると思います。別の言い方をすれば、スポット為替レートは将来にわたって無数にある先物為替レートのうちの単なる本日分にすぎないということです。決済する日に応じた為替レートがそれぞれ存在しているわけです。ですから、

テレビ等での為替レートの表示も、

　本日のドル／円為替レート　　　　100.00 − 10

　6カ月先のドル／円為替レート　　99.50 − 60

というようにしてもらうとよいと思います。

6　多通貨会計の勧め

　複眼的視点として、「多通貨会計」というものがあります。日本公認会計士協会から1991年に公表された「多通貨会計のガイドライン」では、「多通貨会計（Multiple currency accounting）とは2種類以上の通貨建で取引を行っている場合において、各通貨建の取引を通貨別に記録管理するとともに、これに基づいて作成される各通貨建の試算表を各月末など一定の時点で、その時の為替相場等により財務諸表作成の基本となる通貨に換算の上、これを合算して総合試算表を作成するという会計に関する記録及び集計の方法である。」とされています。20年以上前に公表されているガイドラインですが、現在でも十分考え方の整理に役立ちますので、一読をお勧めします。

　同ガイドラインでは、多通貨会計のユーザーとしての銀行と総合商社についても触れられており、「管理会計上のニーズを満たし財務会計との調和を図った多通貨会計」が採用されている旨指摘されています。しかし、その後の20年間でどの程度広がっているかというと、筆者の知る限りではまだまだ一般的に

なってはいないようです。

　なぜなのでしょうか？　筆者はやはり円の金利が世界中で一番低い状態が継続してきたことが、最大の原因だろうと考えています。これだけ、円高が継続してきた歴史があるにもかかわらずです。これでもか、これでもかと、さんざん円高で痛めつけられてきた日本の輸出企業が、国内での製造から海外にシフトしたり、輸出の建値を円建てにしたり、外貨建ての仕入れを増やすなどの経常取引での工夫はするものの、外貨調達をすることにより為替リスクを減らす工夫はあまり見られません。管理会計上もそのような管理は少数派でしょう。

7　「想定レート」と「為替感応度」の不思議

　「想定レート」と「為替感応度」という単語が毎年、新年度入りし決算発表のたびに飛び交います。2013年は「円高修正が企業の業績を押し上げる」「円高修正により本業の儲けを示す営業利益が過去最高を更新」「１円円安になったら年間〇〇億円程度の利益押上げ要因」などの説明が新聞やテレビ等のマスコミで盛んになされていました。

　しかし、それって変だとは思いませんか？　「１円円安になったら年間〇〇億円程度増益」ということは、「１円円高になったら年間〇〇億円程度減益」ということで、つまるところ

「わが社はそれだけの為替リスクをとっています」と言っているだけのことではないでしょうか？　それだけのリスクがあるという意味でのリスクの計量化が図れていること、すなわちリスクを認識しているということを言っているにすぎないと思います。

　<u>リスク管理というのは、リスクの所在を確認し、それがどの程度あるかを測定し、そのリスクをどうマネージ（ヘッジしたり、しなかったり）するか、という3点セットのことだといえます。</u>

　「それだけの為替感応度が、わが社の本業にはあります」との説明は各社ともするのですが、そのうえで「当面円安地合いと判断されることから、あえてヘッジ比率は低くします」と言ったり、「為替の見通しは難しいので、とりあえず半分ヘッジします」と言ったり、「円高リスクが高いのでフルヘッジします」と言ったりするパートが全く聞こえてきません。「為替リスクがこれだけある」との説明だけだと、「だからどうするの？」と思わず聞きたくなるのは筆者だけでしょうか？　「それだけのリスクがあるとわかっていて、為替の見通しがわからないのであれば、ヘッジすればよいではないですか」と言いたくなります。

　「リスクの所在がわかっていて何もしない」ということは、どういうことでしょうか？　同じ「何もしない」としても、円安だと思うから何もしないのと、為替の見通しがわからないから何もしないのとでは、大きな違いです。どうも日本人は、円

高に慣れ過ぎてしまったように思います。円高によって減益になっても、不思議と「仕方ないね、円高だもん」的な納得をしてもらえるので、それに甘えるようになってしまったのではないでしょうか。本当はそれに対処する方法があったにもかかわらずです。

　対処する方法は20年以上も前から存在していましたし、それを多くの銀行や商社は実践してきました。1998年の外為法改正により、外貨建て取引の自由化や、ネッティングの自由化も行われています。したがって、その対処方法を銀行が「コンサルティング機能」の発揮によって取引企業に説明していなかったはずはなく、輸出企業が対処方法を知らなかったとは思えません。もちろん会計上の不都合はあったと承知はしていますが、会計上の都合と、実質的なリスク管理とを比べた結果、前者が優先されたということでしょうか？

　また、「円高修正により本業の儲けを示す営業利益が過去最高を更新」というのも、よく考えればおかしなことです。もちろん為替要因も円建ての仕入価格や、販売価格に含まれることになっているので、その意味で名目上の「営業利益」に反映されるのは嘘ではありません。しかし、はっきりとした相場観に基づいてあえてとった為替リスクによる対価であるわけでもないのに、為替での損益を実質的な「本業の儲け」として堂々と胸を張られると、聞いているこちらのほうがちょっと恥ずかしくなってしまいます。ましてや「本業」で頑張っている製造部門や販売部門は、「何だ、結局為替次第かよ」とすねてしまう

のではないでしょうか。逆に、いくらコストカットに励んで原価を下げてみても、円高で損すれば元も子もないということになり、製造部門は頑張った意味がないということになります。

　また、「想定レート」とは一体何でしょうか？　相場の見通しとして「想定」しているレートではなく単に業績や計画の数字を算定する際の参照レートにすぎないということではないかと筆者は理解しています。「想定レートよりも円安であれば、為替感応度分だけ増益するし、円高であればそれだけ減益します。為替動向には何も対処しません」と言っているだけです。「想定レート」に余裕があるからといって、為替リスクに対し対処するかどうかの所信表明があるわけではありません。それだけ余裕の想定レートであれば、それ以上の水準であればフルヘッジするのでしょうか。本当は、そこのところが聞きたいところです。毎年繰り返される決算説明で、なぜマスコミの人たちが質問しないのか不思議です。

　もちろん、「超円高と呼ばれた時期に進めた事業見直しの成果で、多くの輸出企業は円高でも利益を出せる体質を取り戻しつつある」などの副次的効果はあったと思います。人間苦しければ、何とかしようと頑張って絞り出すものですから。逆に、楽をしていたら、それがあたりまえになるので、逆風が吹いた時に大変なのも同様です。デフレの世の中に慣れている日本人が、円安に伴う輸入価格の上昇による価格の上昇に対応できないのがそのよい例です。

　<u>しかし、本業の頑張りや甘えと、為替リスク対応策をどんぶ</u>

りの中でわからなくするのはいかがなものかと思います。そうでないと、本業で頑張っている人は浮かばれないし、逆に為替の益のおかげで、緩んでしまった本業部隊をピリッと引き締めるのは大変なことになります。

8 現地生産拡大は為替の影響を受けにくくするためでしょうか？

　ここのところの円高修正で、「想定レート」「為替感応度」についての報道の他に、「現地生産比率を高めて、為替の影響を受けにくくする」「円安でも海外生産拡大」というように、生産移管を「為替の影響を軽減させるために行っている」という報道をよく聞きます。

　しかし、現地生産比率を高めなければ、為替変動の影響を受けにくくはできないのでしょうか？　日本国内での生産では、為替対策は限界があるのでしょうか？

　実際、現地生産をすればおのずと、その現地法人の部品調達も資金調達も、人件費等の経費も現地通貨になると思います。海外現地法人を作って、出資金以外の資金調達をわざわざ円でする企業は少ないでしょう。ですから、「結果的に」為替対策になっていることは確かです。

　それでは、国内生産でも、あたかも海外現地法人を作ったことにして、部品調達や資金調達を現地通貨で行うことはできな

いのでしょうか？　実際に国内生産でも部品のドル建て調達比率を高めているメーカーも多いと思います。さすがに、日本国内で従業員に支払う給料を外貨建てにすることはできないでしょうが。為替感応度の計測もできているのであれば、わざわざ海外生産比率を高めなくても、日本国内での生産でも為替対策はやろうと思えばできるのではないでしょうか。

　ということは、海外生産比率を高める目的は、為替対策がメインではないのではないかと思えてきます。実は海外のほうが人件費が安かったり、輸出による貿易摩擦を回避するためであったり、といったことがメインで、「結果的に」為替対策にもなっているというのが、正しい見方ではないかと筆者は考えています。

9　まとめ

　本業のリスクと本業以外、特に為替リスクを分離して管理すること（計数の測定だけでなく、それにどう対応するか）がどれだけ重要かということがおわかりいただけたでしょうか？　内部管理会計上の必要な分離をすると、それぞれの部門の評価がやりやすくなります。それと同時に、問題点もはっきりと浮かび上がってきます。それぞれの部門の頑張りも甘えもはっきりしますし、思い違い、勘違いもなくなります。

　財務会計上の問題と、リスク管理は別次元の話です。財務会

計上悪影響が出るから、といってリスク管理をしないということは本末転倒です。財務会計に悪影響が出てもリスク管理を重視し、株主等の利害関係者にきちんと説明するか、逆に財務会計上の対応はしないが管理会計上の評価は行い、これも利害関係者に説明する、というのが正しい企業戦略だと思います。

①為替リスクとリスク管理するためのコスト＝金利差についてのコンセンサス、②それを誰が負担ないしはマネージするかについてのコンセンサス、③その分を（内部管理会計上）別建てにして、「本業」の製造原価、部門間仕切り価格（および製造サイドの利益貢献額）、販売価格（および販売サイドの利益）についてのコンセンサスがきちんとあったうえで、④それぞれのパートでの貸し借りが認識され、それについてのコンセンサスも必要です。

そうでないと、訳がわからなくなります。特に為替リスクについては、ヘッジコストを誰も負っていない＝誰も責任を負っていないと、いざ何かしなければいけない状態になっても、ヘッジするコストのBudgeting（予算化）がされていない＝ヘッジするための原資がどこにもないから、誰も手を出したがらない、結果として身動きがとれないということになります。

銀行の資金の本支店レートと同じように、製造、販売等の部門間の仕切りレートは非常に重要です。このレートが適正（銀行ではマーケットレート）でないと、それぞれの部門の貢献度が正確には測れません。要は、よい商品を作っているから会社が儲かっているのか、販売部門が頑張っているから儲かってい

るのか、どこが弱いのか強いのかがわからないということになります。

その仕切り値に幅を持たせ（Bid ／ Offer）、その幅でヘッジコストを認識したり、実際にヘッジしたり、全体のかじ取りをするためのインセンティブに利用するための原資にすべきではないでしょうか。それを管理するのが、企画部門、財務部門、リスク管理部門なのだと思います。

背骨のラインのズレが、体全体の歪みにつながるのと同じです。会社も、本来あるべき背骨の位置がどこかを発見するところから始めないと、体はかえって歪んでしまうかもしれません。膝が痛い、肩が痛いなど、いろいろなところに問題が出てくるのも、根本から修正しないと、ダメです。

また、何か積極的に対策を立ててそれが結果として裏目に出た場合は責任問題となりやすいが、「不作為の罪」は問われにくいというのが、サラリーマン社会の実態のようです。「ヘッジ」をして結果として裏目に出た場合に、財務担当以外の役員で「ヘッジ」の意味をよく理解していない人が大騒ぎするケースは往々にしてあるわけで、結果として財務部門が動きづらくなっているというのもよく聞く話です。

そういう弊害を除くために、金融機関が毎月（もっぱら保有国債のポジションをどうするかについて）行っているALM委員会のような機関を、事業法人も設置し、会社としての相場観と「ヘッジ」比率をどうするのかのコンセンサスを会社全体として共有するべきだと思います。

第5章　本業でとっているリスクと本業以外のリスクの分離

第 6 章

デリバティブの正しい使い方

ここまで、デリバティブの誤った使い方、あるいは使われなかったことが誤りであったケース、また、デリバティブ的に物事を見れば間違った資金調達、資金運用の例について見てきました。デリバティブというのはそもそも、現物取引と同じ経済効果を異なる形態で（オフバランスで）行うものですし、その使い方さえ間違えなければ、実は非常に便利なものです。この章では、その正しい使い方についての基本的な考え方について説明します。

1　何のためにデリバティブを使うのか、目的をはっきりさせましょう

　「何をあたりまえのことを言っているのだ」との声が聞こえてきそうですが、そのあたりまえのことが実はできていなかったために、問題が発生したわけです。「ヘッジ」目的で取引したつもりが、実は完全な「ヘッジ」にはなっていなかった、不完全な「ヘッジ」だった、そもそも「ヘッジ」ではなかった、などのケースが多発してしまいました。

　これまで説明してきたように、「ヘッジ」取引としてではなく単なる市場取引、投機的な取引、ポジションテイキングとして行った取引であれば、単なる「相場観」の話です。勝つも負けるも、単なる自己責任の取引です。「商品の値段が上がりそ

うだから、仕入れを前倒しでやろう」「もう少し待てば、値段が下がってくるからもうちょっと待って仕入れよう」「無理して在庫処分をするのはやめよう」などのポジションをあえてとるのと同じことです。正々堂々とポジションをとればよいのです。

　ただし、このような「単なる市場取引、投機的な取引、ポジションテイキング」を「本業」として行うのは主に金融機関であり、その会社の「定款」に堂々とそのような金融取引でポジションをとるのも本業だと言っている事業会社はまずないと思います。ですから、「本業」に付随して発生するリスクに関連して（かこつけて）、ポジションをとることになるわけです。繰り返しになりますが、筆者はその「ポジションをとること」自体を否定するつもりは毛頭ありません。本業で景気動向に敏感に反応しているわけですから、その肌感覚から相場観を常に持つこと自体は極めて重要ですし、それに基づいてポジションをとることも自然なことだと思います。ただ、「ヘッジ」でもないのに「ヘッジ」だと言ってみたり、思い込んだりして、「ポジションをとる」ことはやめるべきです。「ヘッジ」は「ヘッジ」として、「ポジション」は「ポジション」として別々に認識して行えばよいのです。

　取引が「ヘッジ」目的の場合に重要なポイントをあらためて記します。

㋐　「ヘッジ」する対象の「現物」が何であり、どういう価格変動リスクを抱えているのか（つまり現在とっている、ないし

将来とることになっている「現物」のポジションがどういうポジションなのか）についての確認が第一歩である。
㋑　その価格変動リスクは「現物」単体だけでなく、取引全体（仕入取引と販売取引等）や、バランスシート全体（運用と調達）で考える必要がある。
㋒　そして、その価格変動リスクに対応したリスクヘッジ商品（の組合せ）を考える。

特に㋑が一番重要だと述べました。商品を外貨建てで輸入していても、為替レートの変動リスクが国内販売相手に転嫁できる場合は、為替リスクは発生しないと説明しました（第2章第2節b、30ページ）。長期での国内販売価格が決まっていない場合に、長期のドル買いの為替予約をすることは、ヘッジではないとも説明しました（第2章第7節、63ページ）。銀行員でこれらのことをよく理解している人は、実は残念ながらそれほど多くはないようです。ドル建ての輸入為替があれば、即「御社は円安リスクがあるからヘッジすべきです」とか、「これからは円安だから今ヘッジしておかないと、御社は近い将来苦しくなりますよ」といった銀行のセールスを聞いた方は多いと思います。そもそも円安になったら本当にリスクがあるのか、仮にあったとしてもそれを別のリスク（例えば円高リスク）に置き換えるのが正しいことなのか、ご自身で考えてみてください。銀行員の言うことをそのまま信じないで（信じたことにしないで）ください。自社の商売の全体像を一番よく知っているのはあなた自身です。セールスに来る銀行員にきちんと、「うちの

商売はこういう形だから、うちの為替リスクはあなたが思っているのとは違う」と、はっきり教えてあげなければいけません。

ちなみに、「為替リスク」という言葉と「円安リスク」「円高リスク」という言葉の違いは結構重要です。「為替リスク」は円安、円高両方のリスクを合算したものです（同様に「金利リスク」も、「金利上昇リスク」「金利下降リスク」の合算です）。「円安リスク」を「ヘッジ」しても、今までとっていなかった「円高リスク」をとる羽目になっていたりすると、これは「為替リスク」を「ヘッジ」したことにはなりません。「円安リスク」を「円高リスク」に変換しただけです。「円安リスクヘッジ商品」などとうたう商品には注意しましょう。そういうネーミングの商品を見たら、条件反射で、「円高に振れても大丈夫？」と質問ができるようにしてください。

2 輸出と輸入がある場合は、差額（ネット）で管理しましょう

輸出取引と輸入取引の両方がある場合は、どう考えるべきでしょうか？

まずは、ネッティング（債権・債務自体を相殺すること）やマリー（同じ通貨の売り・買い双方の持ち高がある場合に、これらを相殺すること）といった形で、差額がいくらあるのかを確認す

ることが最初のステップです。輸出と輸入を別々に管理するのではなく、全体をネッティング／マリーさせてネットの為替リスクに対しヘッジ手段を考えることは、少なくとも大手メーカー、商社では常識となっています。

　もちろん、社内的には輸出部門、輸入部門それぞれで採算等を管理すべきですが、だからといっていちいち個別に銀行と為替取引をする必要はありません。社内的に、輸出部門ないし輸入部門が財務・経理部門との間で「仕切り値」を「先物予約レート」（ないしスポットレート）を使って設定すればよいわけです。その後は財務・経理部門がネットでの為替リスクを管理すればよいのです。別の見方をすれば、輸出債権自体が、自然と輸入債務の「ヘッジ」になっており、輸入債務自体が輸出債権の「ヘッジ」となっているとも言えましょう。

　それぞれの輸出為替、輸入為替の決済時期は普通バラバラですから、その間の調整が必要になります。外貨保有が多ければ、その間外貨預金にプールさせればよいですが、逆に不足の場合は、①外貨建てでその間借入れをするか、②「為替スワップ」取引を行うことにより対応できます。「為替スワップ」とは、ある時点での外貨買い／円売りと、将来時点での反対売買（外貨売り／円買い）を同時に約定する取引です。スポット取引と先物取引の組合せ商品と言えます。

　つまり、円資金の資金繰りの他に外貨資金の資金繰りを管理することが必要になるわけですが、このネットでの管理をすることにより、①会社全体での為替リスクがどうなっているのか

の把握、②グロスで決済する際に発生する為替手数料の節約が可能になります。

厳密に言えば、それぞれの輸出債権、輸入債務が確定する時点も異なり、そのベースとなる為替レートも異なるわけですから、完全な個別ヘッジとはならないですが、全体で見れば、為替手数料の節約で十分カバーできるものと思われます。

3 デリバティブは実際に取引を締結することよりも大事な使い方があります

a 異なる物（通貨等）の価値を比較するための道具としての利用

いろいろと異なる市場性の商品でどちらが得かを比較検討する際に、その比較する尺度、道具となるものです。

例をあげてみましょう。今、I国のJ社向け輸出の価格交渉をしているとします。御社は円建てでの取引を希望しているが、J社は米ドル建ての取引を希望している。御社は1個150円、J社は1個1.6ドルと言っています。御社はJ社の条件を受諾したほうがよいでしょうか？　現在のスポット為替レートは1ドル100円、期限は6カ月後、円金利は1％、ドル金利は10％とし、為替手数料は50銭とします。

先物予約レートは1ドル95.20円になり、1個1.6ドル×95.20≒152.3円になりますので、J社の条件を受諾したほうがお得ということになります。

　2つ目の例です。第3章第1節（70ページ）のA自動車会社のB国進出の話を思い出してください。円の借入コストは、期間5年間固定で1％でした。他方、B国の金利は期間6ヵ月の短期金利（基準金利）で、10％でした。ここでA自動車会社が為替リスクをとりたくないと考え、B国の銀行に期間5年の融資の条件提示を求めると、B国の銀行は基準金利＋1％と言ってきました。どちらがお得なのでしょうか？

　円の固定金利1％とB国通貨（B＄）の変動金利（基準金利）＋1％との比較です。この円固定金利1％をどうにかして、B＄の資金調達に変えてみないと比較はできません。まず、この円資金は使わないので、預金として運用するとしましょう。5年定期で0.5％でした。そして、それを担保に、国内の別銀行からB＄での借入れをするとなると、B＄基準金利＋0.75％でした。このように、<u>円での資金運用と、B＄での資金調達の合わせ技</u>をすることを考えてください。

　そうするとB＄基準金利＋0.75％に円での差引き（借入れの支払金利が1％で、預金の受取金利が0.5％ですので、差引き0.5％の支払い超です）を加えたものが、B＄での資金調達のコストになります。つまり、B＄基準金利＋0.75％＋（円）0.5％です（円金利のほうがB＄金利より低いので、円の0.5％はB＄の0.5％よりも大きくなります。ここでは、B＄に換算して、0.65％相当としま

円			B$		
円固定金利借入れの支払金利	1.00%	B$基準金利での借入金利		基準金利＋	0.75%
円固定金利預金の受取金利	0.50%				
円金利の差額（支払い）	0.50%	→		B$	0.65%
			合計	基準金利＋	1.40%

す。詳しい計算方法はデリバティブないしスワップの解説書で勉強してください）。したがって、B$基準金利＋1.4％（0.75％＋0.65％）となります（単純にB$基準金利＋1.25％とはならない点には注意が必要です）。

　つまり、B国の銀行から基準金利＋1％で借りるほうがお得ということになります。

　この円での資金運用とB$での資金調達の合わせ技をオフバランスで行うのが通貨スワップというデリバティブです。円の借入れを通貨スワップで実質B$の借入れにスワップするといいます（円固定金利受取り／B$変動金利支払いの通貨スワップ）。

　では、他の条件は一緒で、円5年定期預金の金利（＝通貨スワップでの円固定金利受取金利）が1％だったらどうなるか考えてみましょう。その場合、円の差引きが1％－1％でゼロとなり、B$＋0.75％だけが調達コストになりますので、国内の銀行と円の借入れ＋円の預金＋B$の借入れ（ないし円の借入れ＋通貨スワップ）をしたほうがお得ということになります。

第6章　デリバティブの正しい使い方　147

円		B$		
円固定金利借入れの支払金利	1.00%	B$基準金利での借入金利	基準金利＋	0.75%
円固定金利預金の受取金利	1.00%			
円金利の差額（支払い）	0.00%	→	B$	0.00%
		合計	基準金利＋	0.75%

このように通貨スワップの条件を使って比較することにより、どちらが得か判断ができるのです。

3つ目の例です。これも第3章第8節（86ページ）で解説したシップファイナンスの例で考えてみましょう。用船契約の利回りがドルで10％でした。ここに、別の用船契約の話が来たとします。今度は内航船の契約で、利回りは円で5％です。どちらのほうがお得でしょうか？

ドル建ての借入金利が8％、円建てでの借入金利が3％（円建てで借入れをし、通貨スワップで実質ドル建ての借入れに変換しても、ドルの支払金利は8％）とします。

ドル建ての用船契約の利益はドルで2％（10％－8％）で、円建ての用船契約の利益は円で2％（5％－3％）です。同じ通貨に変換しないと比較できませんから、期間15年、毎年2％のドルの受取りを円での受取りに変換することになります。この場合、次の2通りの方法があります。

㋐　毎年受け取るドルについて為替先物予約をする

㋑　毎年受け取るドル見合いで、同じドル金額の支払い、円受取りのクーポンスワップ取引を行う

　詳しい計算は省略しますが、ドル金利のほうが円金利よりも高いので、㋐、㋑いずれの場合も「毎年円２％の受取り」よりも少なくなってしまいます。１例目の先物予約レートで１ドル100円が６カ月後で１ドル95.70円（50銭の手数料抜き）に減少していたことを思い出してください。それと同じ理屈で㋐では１年後から15年後までの毎年受け取るドルも円換算金額は徐々に減少していきますし、さらに㋑は㋐の毎年減少する円換算金額を平均する一つのレートが15年分適用されるということになります。したがって、円建ての用船契約のほうが利回りが高いということになります。

b　部門間の仕切り値を定める基準としての利用

　輸入／仕入／製造部門との「仕切り値」や、輸出／国内販売部門との「仕切り値」を決める際の基準として利用します。

　それぞれの部門との「仕切り値」は部門別業績評価の基準にもなりますので、非常に重要なレートです。ですから、客観的な市場レートを基にした公平なレートを採用しないと、社内のもめごとの原因になってしまいます。また、よい商品を作っているから会社が儲かっているのか、販売部門が頑張っているから儲かっているのか、どこが弱いのか強いのかがわからないということになります。

　第５章で説明したとおり、原則「先物為替レート」を「仕切

り値」にすることで、余計な為替リスクをとらないで、淡々とヘッジできるベースでの「仕切り値」になります。公平なレートである先物為替レートを使うことにより、各部門間のよい緊張関係が構築されることになります。

c　将来の事業計画の基準としての利用

　事業計画を立てる時の市場レートの基準も同様です。海外進出計画での資金調達コストは現地通貨の金利で見るべきであり、販売価格決定や、仕入価格決定の際に参考にする為替レートは先物為替レートです。

　では将来の金利についてはどうでしょうか？　今の金利をそのまま適用してしまってよいものでしょうか？

　為替に先物レートがあり、それがスポットレートとは異なるレートであって、その先物レートを予約（確定）してしまうことが可能であることと同様に、金利についても、「先日付スタートの金利」があり、その金利が今の金利とは異なる金利であって、その「先日付スタートの金利」を今、予約（確定）してしまうことが可能です。

　例えば、２年後に新たな設備投資をする計画があり、そのための資金を期間５年の固定金利での借入れで調達するつもりであるとします。２年後の金利水準が上昇しているかもしれませんから、できれば今のうちからその金利を固めておきたいと考えた場合に、その「先日付スタートの金利」を予約することになりますし、また当該設備投資計画自体も本来は今の金利をそ

のまま使うのではなく、その「先日付スタート金利」をベースに立てるべきということになります。

「先日付スタート金利」がどのように決められるのか、イメージをつかんでいただくために、大雑把な説明をしておきましょう。

2年金利：0.5%

5年金利：1.0%

7年金利：1.5%

2年先スタートで期間5年の借入れということは、今、期間7（2＋5）年の借入れをして、手前の2年間は使わないので預金をしておくことと同じ経済効果です。したがって下の表のように考えられますので、1.9％程度ということになります（きちんとした計算はデリバティブないしスワップの解説書で勉強してください）。

期間7年の借入れ＋期間2年の預金		2年先スタート 期間5年の借入れ	
7年間の支払金利	1.5%×7年＝10.5%	2年先スタート	?%×5年＝9.5%
2年間の受取金利	0.5%×2年＝ 1.0%	5年間の支払金利	
差引き	9.5%	?%＝9.5÷5年≒1.9%	

注意してほしいことは、この1.9％が、今の期間5年の金利（1.0％）だけでなく、期間7年の金利（1.5％）よりも高いことです。そうなる理由は、手前の2年間1.5％支払って0.5％しか受け取れないことによる逆鞘分をあとの5年間で調整するため

です（マイナス１％×２年間＝マイナス２％であり、それを５年間で割ると年間0.4％となり、それを1.5％に加えると1.9％になります）。通常の短期の金利よりも長期の金利が高いいわゆる順イールドの状態では「先日付スタート金利」は高くなることを覚えておいてください。そして「先日付スタート金利」を基準に設備投資計画などを立てていれば、「先日付スタート金利」の「予約」をしていない状況で、実際に金利上昇の可能性が高くなってきた時に、金利を固めてしまう（ヘッジしてしまう）際にも、想定外の高い金利を金融機関から提示されてあわてるということはなくなると思います。

4 何もしなくてもポジションはとっています

「わが社はデリバティブなどという訳のわからない取引は全くやっていないから、変な市場リスクはとっていない」とおっしゃる会社社長さんがいらっしゃいます。しかし、商取引には先ほどまで説明してきたように、いろいろな形で市場性のリスクが内包されています。したがって、そのとっているリスク／ポジションを適切に認識して、それが解消すべきリスク／ポジションであれば、当該商取引契約自体か、（デリバティブを含む）金融取引で解消すべきです。何も（追加的なことを）しなくてもリスク／ポジションですし、逆に何か（追加的なこと

を）してもリスク／ポジションなのです。

　何らかのリスクをとってポジションをとること自体が、商取引であり企業であるわけですから、全くリスクフリーにする必要はありませんが、そのリスク／ポジションをコントロール可能な範囲に収めることは非常に重要なことだと思います。

5 デリバティブを締結する時は、いつでも手仕舞いができることを確認してください

　デリバティブは市場性の取引です。あえてポジションをとる時も、ある現物のポジションの「ヘッジ」をする時も、その取引によってできあがった（新しい）ポジションを何らかの理由（思っていたとおりの相場展開ではなかったり、新しい要因で相場が急変したり、前提としていた「現物」がなくなってしまったり、あるいは変質してしまったり……）で解約、変更等しなければならないような局面になることがあります。世の中の動きがグローバル化し、変化のスピードも速くなっている現在、一度とったポジションが長い間適切なポジションにとどまると考えるのは、間違いです。

　常に、そのポジションを続けていてよいのか、全部ないし部分的にでもそのポジションを解消すべきなのか、あるいは同じポジションで金額を増やすべきなのかなど、不断に管理しその

都度どうするか決断しなければなりません。手仕舞いができないようなポジションはとるべきではありません。負けていても損切りができる覚悟を持って取引をしてください。それは、「ヘッジ」のために行った取引によるポジションであってもです。

もし、自分で損切りができる自信がないのであれば、自動的に損切りをする機能付きの商品を選ぶのも重要なことです。自動的に損切りさせられるということは、別の見方をすればこれ以上は負けない＝リスクが限定されているとも理解できます。FX取引の証拠金は、FX会社から見た場合に顧客から徴求する担保としての側面が主ですが、実はそのような親切な機能でもあるわけです。

日本の金融機関がデリバティブ取引を顧客とする際に、そのデリバティブ取引専用の担保を徴求することはほとんどありません。担保を取ったら、銀行取引約定書ですべての与信行為に対応できるようになっているからです。また、無担保でデリバティブ取引のための外国為替の与信枠を設定することも多いようです。その結果、自動損切り機能という顧客にとって親切な機能は付いていないデリバティブ取引を行っているのが実情です。またそのうえ、「原則解約不可」という不可解な条件を付して行うデリバティブ取引も多かったということは、先に説明したとおりです。

6 ヘッジするにはコストがかかるものであることを認識して

　多くの中小輸入業者が、「ゼロコストオプション」で痛い目にあいました（第2章第5節、45ページ）。保険を掛けるには保険料を払うものであるということはわかっているはずなのに、そして生命保険料や火災保険料、自動車保険料は掛け捨てであることも理解しているのに、こと外国為替に関しては掛け捨ての保険料が惜しまれることから、編み出された商品です。オプション購入だけをしておけば問題はなかったにもかかわらず、「ゼロコスト」というネーミングに勘違いして（?）オプションを追加的に売却することで余計なリスクをとり、不幸にも、相場が逆に動いた結果、大きな損失を被ってしまいました。販売するほうに問題が多かったようにも思いますが、やはりその取引を締結した中小輸入業者にも甘さがあったと言わざるを得ません。オプションを購入するということは、「まさかの時のための保険料」を払うというものなのだということを、「常識」として持つべきだと思います。

　輸出企業の場合、円金利が外貨の金利より低い現状、先物予約レートはスポットレートよりも悪くなるので、先物予約はしづらいようです。しかし、それは輸出が円建てではなく、外貨建てであることの宿命です。むしろ外貨建ての建値になったのであれば、「先物レート」を基準に価格交渉をすべきなので

第6章　デリバティブの正しい使い方　155

す。ヘッジすることを前提に、商売をすべきなのです。そうすることにより、円建てで輸出することと同じ条件になるわけですから。

　また外貨建ての資金調達は、円資金での調達より金利が高いので、海外進出の事業計画の資金コストは円建てのコストで計算する企業がまだまだ多いようです。これも、前述したように、本業の利益計画と為替リスクをとった対価としての利益計画の分離がされないことになり、為替リスクをヘッジしにくくする要因になっています。

　さらに、海外進出企業は海外現地法人の出資金に係る為替リスクをとり、「為替換算調整勘定」の大幅な赤字を保有し続けています。会計上の問題があることは理解できますが、本当に今のままでよいのでしょうか？　結果として、為替リスクをとらざるを得ないことになると同時に、円建てでの資金調達となることから外貨建ての資金調達コストとの差額が「資金調達コストの相対的な減少」となり、各期の収益押上げ要因、すなわち課税所得押上げ要因になってきたということになります。

　しかし、為替リスクをヘッジしたことから決算上ブレが生じることは、株主や債権者等の利害関係者にきちんと説明すればすむことではないでしょうか？　逆に為替リスクをとりながら、低金利の円資金調達による収益押上げ要因がどれほどあるかについての説明もなく、「為替換算調整勘定」の赤字を保有し続けられることが株主や債権者にとって決して心地がよい状態ではないように思います。せっかく歴史的な超円高が修正さ

れた今こそ、その歪みを解消する絶好のチャンスです。

　銀行でも、リレーションシップ目的での取引先企業株式保有に係る価格下落リスクヘッジのために必要な株式オプション料等のコストは予算化されていないことは説明しました。実際に株式オプションを購入してヘッジをするかどうかは別として、管理会計上もそのコストを認識しないのは問題があるように思います。当該顧客との総合取引採算をはじく際に、リレーションシップ目的での株式保有コストとして、保有株式見合いの資金調達コストの他に株式オプション料等の株価下落リスクヘッジのためのコストを加算してはじめて、本当の総合取引採算が計算されるのではないでしょうか？　そうでないと、当該顧客担当部署の評価が間違って計算されることになります。

7 うまい話には必ず裏があることは肝に銘じて

　逆に、輸入サイドは円金利が外貨の金利より低い限りにおいて、先物レートはスポットよりも有利なレートです。期間が長ければ長いほど有利なレートになります。オプションを売って受取オプション料を受領せずにレートに織り込んでしまえば、さらによくなります。期間のリスク、オプションを売却したことによるリスクをとった対価としてレートが有利になっているのです。くどいようですが「ゼロコスト」という商品名に騙さ

れてはいけません。「タダより高いものはない」と昔から言われているとおりです。

8 デリバティブはバランスシートを使わずに資金取引（現物取引）と同じポジションをとれる便利な商品

そうは言っても、デリバティブは「現物」の資金取引をしないで同じ経済効果をあげられる極めて便利な商品です。オフバランスというのは「簿外」でということで、「簿外債務」のようにあまりよい響きに聞こえないことがありますが、使い方を間違えなければ、資金取引よりも低コストでできる取引ですので、うまく使うべきです。

単純な例をあげて説明しましょう。3カ月後に輸入仕入れの代金を送金するとし、今の為替レート水準で確定したいとします。その場合、通常2つの方法があります。

① 今スポットでドルを購入して、外貨預金に置いておく方法。そのためにはそのドルを購入するための円資金の資金繰りを、今しなければなりません。

② ドルを購入する先物為替予約をする。この場合は、今資金繰りをしなくてもよいことになります。

銀行に支払う為替手数料が、スポットも先物も同じだとすると、おそらく後者のほうがお得です。前者の場合、円資金の資

金繰りをするということは、借入金がある場合は、その資金コストには銀行の融資のマージンが含まれますし、外貨預金の金利は銀行のマージン分が引かれることになります。つまり、スポットの為替手数料の他にもコストがかかっているのです。それに対し先物為替予約はインターバンクの卸値プラス為替手数料ですから、余計なコストは入っていないはずです。

運用	調達
外貨預金	円借入金

ドル購入先物予約	
将来のドル受取り	将来の円支払い

　別の例をあげましょう。外債運用を考えます。銀行からドルの短期資金を借り入れ、米国国債を購入することを想像してください。この運用は、米国国債の価格変動リスクと、短期資金の金利変動リスクをとりながら、金利差益と、米国国債価格上昇によるキャピタルゲインを狙ったものです。同様のリスクをとったデリバティブに、ドルの金利スワップがあります。固定金利を受け取り、変動金利（Libor）を支払うスワップです。受け取る固定金利は通常、相手方が民間の銀行ですのでそのクレジットリスクを加味した分、米国国債よりも高い金利です。支払金利はLiborフラットです。通常、短期資金を銀行から調達する時にLiborフラットでは調達できません。ということ

で、デリバティブのほうが相対的に低コストで同じ経済効果を
あげられることになります。

運用	調達
米国国債 （固定金利受取り）	ドル短期資金借入れ （変動金利支払い）

ドル金利スワップ	
固定金利受取り	変動金利支払い

9 オプションの「売り」が問題にならない使い方もあります

a　ターゲットバイイング

　ドルを買うつもりだが、今より安く買うつもりの場合。例え
ば今1ドル100円、購入予定レート1ドル97円とします。また
行使価格1ドル99円のドルプットオプションのオプション料が
2円だとします。スポット為替相場が97円になるまで何もしな
いで待つ代わりに、このドルプットオプションを売却したらど
うなるでしょうか？

　このオプションは1ドル99円よりも円高になったら相手方か
ら行使されます。行使された時、1ドル99円でドルを購入する

ことになりますが、最初に2円のオプション料をもらっていますので、結果的に1ドル97円で購入したことと同じ経済効果になります。逆に、99円よりも円高にならない場合は、いずれにせよドルは購入できませんが、このオプションは行使されないので、2円丸々儲かったことになります。つまり、何もせず待っているだけより有利ということになります。

<ドルを1ドル97円で購入するつもりの場合>

為替相場	①ひたすら97円になるのを待つ	②行使価格99円のドルプットオプションをオプション料2円で売却	
100円	何も起こらない	何も起こらない	（2円分儲け）
99円	何も起こらない	購入	（2円分割安で実質97円で購入）
98円	何も起こらない	購入	（1円分割安で実質97円で購入）
97円	購入	購入	（0円分割安で実質97円で購入）

b ターゲットセリング

今ドルを持っているが、今の相場では売るつもりがない場合。例えば今1ドル100円、売却予定相場1ドル103円とします。また行使価格1ドル101円のドルコールオプションのオプション料が2円だとします。スポット為替相場が103円になるまで何もしないで待つ代わりに、このドルコールオプションを売却したらどうなるでしょうか？

このオプションは１ドル101円よりも円安になったら相手方から行使されます。行使された時、１ドル101円でドルを売却することになりますが、最初に２円のオプション料をもらっていますので、結果的に１ドル103円で売却したことと同じ経済効果になります。逆に、１ドル101円よりも円安にならない場合は、いずれにせよドルは売却できませんが、このオプションは行使されないので２円丸々儲かったことになります。つまり、何もせず待っているだけより有利ということになります。

＜ドルを１ドル103円で売却するつもりの場合＞

為替相場	①ひたすら103円になるのを待つ	②行使価格101円のドルコールオプションをオプション料２円で売却	
100円	何も起こらない	何も起こらない	（２円分儲け）
101円	何も起こらない	売却	（２円分割高で実質103円で売却）
102円	何も起こらない	売却	（１円分割高で実質103円で売却）
103円	売却	売却	（０円分割高で実質103円で売却）

　リスクが高い「オプションの売り」も、使い方次第ということです。

10 ちょっと変わったデリバティブの使い方

その1　輸出企業で競合相手の国の通貨とのヘッジ

　日本の電機大手がサムスン等の韓国勢に負けた大きな原因は、韓国ウォンと円の為替であったと言われています。あれだけウォン安で円高であれば勝てるはずがない、とも言われました。逆に最近の円安で、韓国の電機が苦しくなっているというニュースも耳にするようになりました。では、ソニーやシャープ、パナソニック等の日本の電機と、サムスン等の韓国の電機との競争は為替が一番の要因なのでしょうか？　本業の競争力は一体どちらのほうがあるのでしょうか？

　為替以外は十分競争力があるというのであれば、為替の影響が同じになるように、韓国ウォンでヘッジしてみればよいということになります（為替規制等には注意が必要ですが）。そうすると、本業の本当の競争力が見えてくるはずです。

その2　最終顧客（消費者）の選択肢を増やす、与えるために活用するデリバティブ

　長期販売契約があれば、それは「ヘッジ」すべきリスクであることは説明してきました。ということは、自社の顧客（消費者等）がとりたいポジションを、顧客の代わりに「ヘッジ」してあげることも可能ではないでしょうか？

　例えば、最近ガソリンの値段が上昇気味です。ガソリンのド

ル建ての値段とドル円の為替レートにリンクして、石油会社が消費者に価格転嫁をしてくるためです。つまり、消費者が円建てのガソリン価格の上昇リスクを抱えていることになります。したがって消費者の中には、「1L150円で200Lを6カ月以内に購入する予約をしたい」という人もいると思います。また、「毎月100Lずつ3年間購入するつもりだけど、L×××円で固定してくれたらありがたい」と考える人もいるでしょう。そのようなプリペイドカードは発行してもらえないのでしょうか？石油会社がデリバティブでヘッジしたレートをもって消費者と「長期販売契約」を締結すれば、理論的には可能な話のような気がします。つまり、自分では「ヘッジ」できない消費者に代わって「ヘッジ」をしてあげるサービスです。

11 最後に、金利リスクヘッジの話をしておきます

　金利について長期固定金利を基準とするのか、短期金利を基準とするのかは、悩ましい問題です。社債や国債等の債券を見てみると、ほとんどが固定利付債券です。投資家からすると、長期の運用をするのだから短期より高い金利でなければ、購入する魅力がないということで、通常固定利付債券となっているということだと思いますが、では資金調達者にとってはどうでしょうか？

<u>長期の安定的な資金を調達することと、その調達コストを長期金利で固定してしまうこととは、必ずしもリンクしているわけではありません。</u>昔の長期金融と短期金融が別々の金融機関でされていた時代、デリバティブが開発されていなかった時代であれば、投資家に買ってもらうことが最大のテーマですから、「長期の安定的な資金を調達すること」＝「その調達コストを長期金利で固定してしまうこと」で、選択の余地はありませんでした。長期信用銀行も銀行自身の調達が固定利付債中心でしたので、顧客企業向けの長期の貸出は固定金利での貸出がほとんどでした。ですから、「長期資金調達は固定金利でするもの」というのが常識と考えられていたわけです。しかしながら、デリバティブ（スワップ等）が普通に使える現在、その２つ（長期資金調達と調達金利タイプの選択）は分けて考えることが可能になっています。

　長期での資金調達を固定金利で確定させる意味は何でしょうか？　事業計画の前提となる資金調達コストを確定させるということが最大の目的だと思いますが、それ以外の理由を考えてみましょう。

　例えば５年の事業計画を立てて、長期資金を調達し、設備投資に充当したとします。しかし、実際の長期販売契約／受注がある場合を除いては、計画どおりに売上げが立つかは不透明です（輸入業者の「ヘッジ」のところで説明したのと、基本的には同じ問題です）。計画どおりに順調に売上げが立っていくのであれば問題はないですが、景気が思わしくなく売上げが不調とい

う場合を念頭に置いて考えてみます。

　その場合、固定金利での調達コストは、他の設備や人件費等の固定費と同じ「固定的費用」です。売上げが伸びなければ増えない変動費用ではありません。一般的に景気がよくなれば金利は上昇し、景気が悪くなれば金利は下降します。ということは、短期金利（変動金利）での調達の場合、景気がよくなり売上げが伸びる＝利益が増加する時は、支払金利が上昇し支払利息が増加し、景気が悪くて売上げが不調の場合＝利益が計画よりも減少する時には、支払金利が下降し支払利息が減少するメカニズムとなる<u>可能性が高い</u>ということになります（100％そうなるとは限りませんが）。

　世の中の企業は景気がよい時に売上げが増え儲けが増加し、逆に景気が悪い時に売上げが減り収益が厳しくなる構造になっているのが大半だと思います（もちろん、例外もあるでしょう。景気が悪くなると公共事業で景気を刺激する政策がしばしば行われますから、公共事業関連企業は逆に景気が悪いほうが商売が増え儲かるのかもしれません）。

　ということは、その「大半の企業」にとっては、調達コストを固定金利で確定させることは、「景気悪化リスクを余計にとる」ということになるわけです。「金利上昇リスクヘッジ」対策として支払金利を固定化することはよく行われますが、これは、景気がよくなり収益が増加する時にも、調達コストが上がらず、よって利益率が余計増加することになる半面、景気が悪くなり収益が計画よりも減少する時には、調達コストも下がら

ないためにさらに利益率が悪化することになることにつながります。別の言い方をすれば、金利下降リスクをとることになるわけです（金利が下がってもメリットがとれないという言い方もよくされますが）。

典型的な例は不動産業です。不動産業は調達した長期資金を元手に事業を展開します。景気が悪くなると売れ行きが悪くなり、収益は減少しますが、それに対し調達金利を変動にしておけば、支払利息の減少により、景気悪化に伴う経常利益の悪化の幅を抑えることが可能になります。

つまり、大半の企業にとって、長期負債も短期負債も支払金利は短期金利＝変動金利にしておくのが、景気動向に対して（よい方向にも悪い方向にも）その影響を減殺することになると考えられます。景気に左右されない体質にするための方策の一つと考えるのが正しいと思います。もちろん、金利上昇リスクはヘッジし、金利下降のメリットもとりたいというのであれば、輸入企業の為替リスクヘッジと同じように、キャップというオプションを購入することによって保険はかけられます。

つまり、自分の会社が景気に対してどのような相関があるのか、その程度はどうなのかといった分析をし、その結果次第で自分の会社にとって適切な支払金利構造（固定金利比率）にするのが、重要な財務戦略の一つになります。

ただし、現在の円金利はもうこれ以上下がる余地はほとんどなさそうですので（マイナス金利はさすがに想定できません）、

「相場観」で支払金利を固定金利で固めるというのも、ありだと思います。

■ おわりに

　2013年は「円安の追い風を受けて、自動車や電機などの輸出製造業の業績回復が鮮明」「自動車4社が最高益　円安効果、7社で1兆円（4－9月営業利益）」などといった新聞の見出しが躍りました。これは各社の**為替感応度**がかなり高く残っていたからです。ただし、それは円安の見通しを持ってあえて調整した結果なのか、過去の円高対策で行ってきた海外現地生産の拡大、円建て輸出の拡大、ドル建て部品調達の増加といった対応策が、不十分であったことの裏返しだったのか、一概には言えません。

　他方で、「電機大手薄い円安効果」「海外移転が裏目」「円高優等生の悩み」といった新聞の記事も目に入ってきたことと思います。収益を安定させるための円高対策を充実させることができた結果、**為替感応度**を低くできたところが、円安によるメリットを享受できなかったということになります。しかしこのような為替リスク管理をよりきちんとしている企業が「円安の追い風に乗れなかった」として、どちらかというとネガティブなトーンで記事にされるのはいかがなことかと思います。今度円高になったらどういうトーンの記事が書かれるのでしょうか？

　輸出企業にとっては、為替リスクというよりは円高リスクをコントロールすることが長く続いた円高局面での最大の命題だったわけですが、ここでは、

① 為替感応度ゼロへの挑戦＝為替リスクに対するニュートラルゾーン構築への道
② そのニュートラルゾーンをベースとし、為替相場の見通し（相場観）により、為替感応度をどの程度傾けるのかの判断

の２つを明確に分けて、リスク管理をしていくべきだということになります。

「②までクリアしたうえで、円安の追い風を受けたところが何社あったのか？」

これがアベノミクスを契機とする円安地合いで筆者が感じた最大の疑問です。長きにわたる円高局面でどれだけの企業が為替をメインとする財務リスクコントロール力を身に着けたのかが、今後の日本企業のグローバル競争力の有無を判断するのに欠かすことのできないポイントだと思うからです。為替感応度のコントロールが不十分であったところに、円安の追い風をたまたまラッキーに受けたところはまだ①の道半ばの状態と言えます。また為替感応度のコントロールは十分にできたが、そのうえで円安地合いと読んであえて為替感応度を高めに調整するということまではできなかったため「薄い円安効果」しか得られなかったところは①は卒業したものの、②の対応ができていなかったということになります。②までクリアしたところだけが今後も続く不安定な市場環境のもとでフレキシブルに対応できる企業になりうると思います。

マスコミも①の要素と②の要素の区別をつけずに、単なる結果論で記事を書くのは誤解を招くもとになるので控えてほしい

ものです。100%為替の見通しができるということはありえないのですから（もし100%為替の見通しができ、利益だけを追うのであれば、単に資本金をFXの証拠金に積んでFXのトレーディングをするのが一番効率的です）。

　他方この円安で、大半の輸入企業は国内の顧客向けにどうやって価格転嫁するのか、できないのであれば物流費等、他にどうやってコストカットをするのか、ぎりぎりまで知恵を絞っています。その中小輸入企業のなかには過去に銀行と締結した為替オプション商品の為替損が円安のおかげで解消ないし減少して息を吹き返しているところも数多くあります。同じ輸入企業なのに円安の影響が真逆の状況になるという現象が起きているのです。

　本来デリバティブを含む金融商品には、企業がその本業でとっているリスクのうちの金融関連リスクを「ヘッジ」ないし「コントロール」できる極めて便利なものが数多くあります。輸出企業の海外現地生産の拡大、円建て輸出の拡大、ドル建て部品調達の増加といった為替対策や、輸入企業の国内の顧客への価格転嫁や物流費等のコストカットは、本業の範囲でできる為替対策としての「正道」ですが、それを実行し、その体制を構築するには時間と多大な労力、努力が必要です。それに対し、デリバティブを含む金融商品は同じ効果を極めて短時間でかつ、簡単にできるものでもあります。市場環境の変化のスピードがますます速くなってきている状況では、「正道」を歩んでいるだけでは間に合わないかもしれませんし、微調整はむ

しろ金融商品で行うほうが効率的と言えます。

　ですから、デリバティブを積極的に金融関連リスクの「ヘッジ」や「コントロール」に活用するべきだと思います。

　それにもかかわらず、そのようなコンサルティング機能を果たすどころか、逆に誤った利用を勧めて顧客企業に損害をもたらした銀行はいったい何がしたかったのでしょうか？　頑張って正しいデリバティブの使い方を顧客企業に提案してほしいものです。

　「デリバティブ」という単語から難しい金融工学の産物、難しい数学を駆使して計算されるもの、といった印象があるかと思います。確かに細かい１円単位までの計算となるとそのとおりだと思います。筆者自身もそこまで細かく計算はもうできません。しかし考え方自体はいたってシンプルなものであることを、本書で少しはご理解いただけたのではないでしょうか？
デリバティブは「派生商品」ですから、そのもとになる現物商品があり、その現物商品自体は極めて身近なものです。その現物商品の組合せをシンプルにしたものがデリバティブとも言えます。ですから、デリバティブを構成するもとになる現物がどういうものなのかを理解すればそんなに難しいことにはなりませんし、使い方を誤ることはなくなると思います。自分が理解しやすい商品の組合せでデリバティブを理解する癖をつけてください。

　そして、デリバティブを使うのは「人間」ですから、間違った使い方をする時も、極めて人間的な思い込み、誤解、勘違い

によるものがほとんどだということも本書で理解いただけたと思います。まさに「デリバティブとはさみは使いよう」なのです。

　なお、本書の出版にあたり一般社団法人金融財政事情研究会の谷川治生理事出版部長、内田常之検定センター部長、また同研究会をご紹介いただきました富国生命保険相互会社の米山好映社長には大変お世話になりました。この場を借りて心よりお礼申し上げます。

【参考・引用文献】

・日本公認会計士協会「多通貨会計のガイドライン」1991年12月
・伊藤隆敏／鯉渕賢／佐々木百合／佐藤清隆／清水順子／早川和伸／吉見太洋「貿易取引通貨の選択と為替戦略：日系企業のケーススタディ」RIETI独立行政法人経済産業研究所、2008年4月

■著者略歴■

岩橋　健治（いわはし　けんじ）

経営コンサルタント　岩橋グローバルコンサルティング株式会社代表取締役

1957年東京都生まれ。1981年東京大学法学部卒業後、東京銀行（現三菱東京UFJ銀行）を皮切りにUBS、ドレスナー、新生銀行、ソシエテ ジェネラル等にて、ほぼ一貫してデリバティブ、ストラクチャードプロダクツの分野で金融機関から事業法人に至るまで幅広い顧客のバランスシートと向き合いながら、ALM（Asset Liability Management）を中心にソリューションを提供するビジネスに従事。
2012年3月に岩橋グローバルコンサルティング株式会社を設立し、現在に至る。

KINZAIバリュー叢書
デリバティブとはさみは使いよう

平成26年3月25日　第1刷発行

著　者　岩　橋　健　治
発行者　倉　田　　勲
印刷所　三松堂印刷株式会社

〒160-8520　東京都新宿区南元町19
発　行　所　一般社団法人 金融財政事情研究会
　編　集　部　TEL 03(3355)2251　FAX 03(3357)7416
販　　　売　株式会社きんざい
　販売受付　TEL 03(3358)2891　FAX 03(3358)0037
　　　　　　URL http://www.kinzai.jp/

・本書の内容の一部あるいは全部を無断で複写・複製・転訳載すること、および磁気または光記録媒体、コンピュータネットワーク上等へ入力することは、法律で認められた場合を除き、著作者および出版社の権利の侵害となります。
・落丁・乱丁本はお取替えいたします。定価はカバーに表示してあります。

ISBN978-4-322-12434-7

KINZAI バリュー叢書 好評発売中

ゼロからわかる 事業承継型M&A
●日本M&Aセンター［編著］・四六判・192頁・定価（本体1,300円＋税）

評価・案件化、買い手企業の探索、基本合意契約の締結、買収監査、最終契約に至るまで、M&A手続に関する留意点を解説。成功事例・失敗事例も原因分析とともに多数紹介。

ゼロからわかる 事業再生
●松嶋英機［編著］横山兼太郎［著］・四六判・232頁・定価（本体1,200円＋税）

「事業再生」と「倒産現象」の社会的・経済的理解と、倒産手続の鳥瞰図的理解を兼ね備えた、事業再生にかかわるすべての方に最初に読んでもらいたい1冊。

ゼロからわかる 損益と資金の見方
●都井清史［著］・四六判・180頁・定価（本体1,300円＋税）

損益と資金繰りの見方の基本を詳解した入門書の決定版。実際のB/S、P/L、キャッシュフロー計算書等を参照しながら数値・指標の示す意味をわかりやすく解説。

ベトナム銀行セクター
●荻本洋子・磯崎彦次郎・渡邉元雄［編著］・四六判・140頁・定価（本体1,200円＋税）

めまぐるしく動くベトナムの金融市場を鳥瞰し、銀行業界の動向や主力銀行の状況、外部からの評価などを解説。ベトナム金融市場への参入を検討する金融機関必読の書。

金融機関のガバナンス
●天谷知子［著］・四六判・192頁・定価（本体1,600円＋税）

ベアリングズ破綻、サブプライム・ローン問題、「ロンドンの鯨」事件、金融検査事例集等を題材に、ガバナンスを考える。

内部監査入門
●日本金融監査協会［編］・四六判・192頁・定価（本体1,600円＋税）

リスクベース監査を実践し、リスク管理態勢の改善を促すことができる内部監査人の育成、専門的能力の向上のための最適テキスト。